丰田协商力

[日] 加藤裕治◎著
陈曦◎译

トヨタの話し合い——
最強の現場をつくった聞き方・伝え方のルール

浙江人民出版社

图书在版编目 (CIP) 数据

丰田协商力 / (日) 加藤裕治著 ; 陈曦译 . — 杭州 : 浙江人民出版社 , 2021.7

ISBN 978-7-213-10151-9

Ⅰ . ①丰… Ⅱ . ①加… ②陈… Ⅲ . ①丰田汽车公司—工业企业管理—经验 Ⅳ . ① F431.364

中国版本图书馆 CIP 数据核字（2021）第 097727 号

丰田协商力

[日]加藤裕治 著　陈曦 译

出版发行：浙江人民出版社（杭州市体育场路 347 号　邮编：310006）
市场部电话：（0571）85061682　85176516
责任编辑：陈　源　何英娇
营销编辑：陈雯怡　陈芊如　赵　娜
责任校对：陈　春
责任印务：刘彭年
封面设计：新艺书设计
电脑制版：北京尚艺空间文化传播有限公司
印　　刷：杭州丰源印刷有限公司
开　　本：880 毫米 ×1230 毫米　1/32　　印　　张：8.25
字　　数：150 千字
版　　次：2021 年 7 月第 1 版　　印　　次：2021 年 7 月第 1 次印刷
书　　号：ISBN 978-7-213-10151-9
定　　价：58.00 元

如发现印装质量问题，影响阅读，请与市场部联系调换。

前 言
PREFACE

“向丰田学习！”

“依照丰田生产方式进行改善！”

在日本泡沫经济破灭，经济发展停滞不前的形势下，丰田（丰田汽车公司，简称“丰田”）仍然稳步取得日本第一的骄人业绩，并朝着世界行业第一迈进，成为众多企业学习的榜样。引入丰田生产方式（TOYOTA Production System，简称TPS）的企业不断涌现，有关丰田生产方式的图书也被相继推出。

然而，通过学习TPS，企业业绩实现逆袭增长的成功事例却并不多见。这是为什么呢？

这是因为TPS并非改善企业业绩的特效药。即使效仿了“准时制”或“看板方式”，仅靠这些也并不能开展TPS的实践活动。

如果“改善”这一精神没有融入每位员工的价值观的话，企业想要通过实施TPS取得经营的成功恐怕就很难做到。而且，若没有不厌其烦的反复实践，企业业绩的提高也无从谈起。

我认为，在丰田，在将TPS的核心理念渗透到企业员工的工作中，工会起到了巨大的作用。要想将“改善”落到实处，“彻底思考”，然后“彻底协商”，是不可或缺的。

在丰田，每位工会会员都将“彻底思考”和“彻底协商”作为开展工作的基础，反复实践这一理念。这是劳动条件得以持续稳定改善的最行之有效的途径之一。作为工会会员，丰田的员工在参与工会工作的过程中，对“改善”这一方法论更是熟稔于心。

现今市面上有许多解读TPS的出版物，诸如“身体力行改善的人都秉承怎样的理念并付诸行动的”及“在哪些地方与普通的企业员工不同”等，而深入个体层面进行论述的却不多见。事实上，如果从丰田的劳资关系角度进行深入剖析，这些问题就会迎刃而解。

因此，为了让更多人能够理解构成TPS核心“改善”的本质，我打算以丰田劳资关系的精髓“协商”为主题，讲述自己的亲身经历。我想，这正是一个以工会管理者身份度过半生职业生涯的人的使命所在。

然而，正是在写这本书的过程中，企业丑闻频发，人们对此议论纷纷。在我看来，如果“改善”能真正植根于员工内心，就不会发生什么企业丑闻。究其根本，所谓“改善”的第一步，正是“发现缺陷和问题，并将其可视化”。如果能将隐藏缺陷的人数降至零的话，必能从根源上遏制丑闻的发生。

我认为，让人们了解丰田劳资双方一直执着追求的，将“改善”这一理念深植人心的历程，对防止企业丑闻的发生也有所裨益。

另一方面，本书想要传递一个重要理念——践行“改善”的员工，能够自发地提高工作热情。虽然TPS更适合制造业，但是不管在何种行业，通过践行“改善”都能提高员工的工作动力。如果所有员工都干劲十足的话，必然有助于企业业绩的提升。

对于这本书的作用，我的期望值似乎有点过高，但我还是想再加一点，那便是，践行“改善”将使得每个个体的生活方式更加积极向上，而积极向上的生活方式能使个体的人生更为丰富。如果你能通过阅读本书了解丰田成长的秘密，丰富自己的人生，我将不胜欣喜。

目　录

CONTENTS

第 一 章

丰田的强大在于信任

丰田员工就像金太郎棒棒糖

曾经有人对我说，“丰田员工就像金太郎棒棒糖”。

毋庸置疑，这是一种讽刺挖苦。但是长久以来，作为当事人的我，对这种说法并不反感。即便对方是出于讽刺挖苦的目的，但在我看来，被这样评价有值得自豪的一面。

从某些方面来看，丰田员工确实和金太郎棒棒糖有一定的共性。如同金太郎棒棒糖一般，无论从哪个方面切入话题，他们的回答都是一模一样的。这并不是企业的弱项，却恰恰是它的长处。

正因为员工都像金太郎棒棒糖，丰田才取得了位列全球汽车制造商前列的成绩。

如果不是因为在思想深处有着共通的理念，大家不可能从年轻员工到经营高层都如金太郎棒棒糖一样，有着相同的行动，说着相同的话。

在丰田，所有人都有着共通的理念——对制造业的独特看法及自豪感、日常工作上的价值观和哲学。在这一点上，丰田员工的确就如金太郎棒棒糖一般的存在。

从根本上来说，丰田员工共通的理念到底是什么呢？

一言以蔽之，就是已成为全世界丰田通用语的一个词——“改善”。

“改善”是代表丰田的哲学和文化的关键词，它根植在每位员工心中，绝对是大家每天力量源泉的关键词。

全世界的丰田员工，入职丰田伊始就被灌输了“改善”精神，并在之后的实际工作中身体力行地学习着“改善”精神。渗透进大脑及身体的“改善”哲学，自然而然地影响着每个丰田人的人生观。

这并不是说所有丰田人都持有相同的人生观，只是说每个人都会潜移默化地受到影响。

那么，如何被影响？那就是学会用“怎样让自己的人生变得更加快乐、更加充实”“今天的自己不同于昨天的自己，希望明天的自己比今天的自己更好”诸如此类积极向上的想法来考虑问题。

更进一步地说，已将“改善”哲学深植内心的丰田员工，总会主动发现挡在眼前的“问题”。为了彻底解决这个问题，他们会认真思考产生这个问题的“根本原因”，紧接着，找出这个根本原因，并努力去消除其根源——这一点也需要开动脑筋认真思考。

从探究原因到解决问题，始终将这些问题当成自己的课题，用自己的头脑思考，不知不觉间，“改善”精神就深植内心，自己的人生观也随之变得积极向上了。

由于形成了完全用自己的头脑进行思考的习惯，丰田员工很少受他人影响。在丰田公司，很多时候，员工需要按照上司的指令开展工作，不能全凭个人喜好，但是又不能因此而成为没有上司指令就无法工作的人。

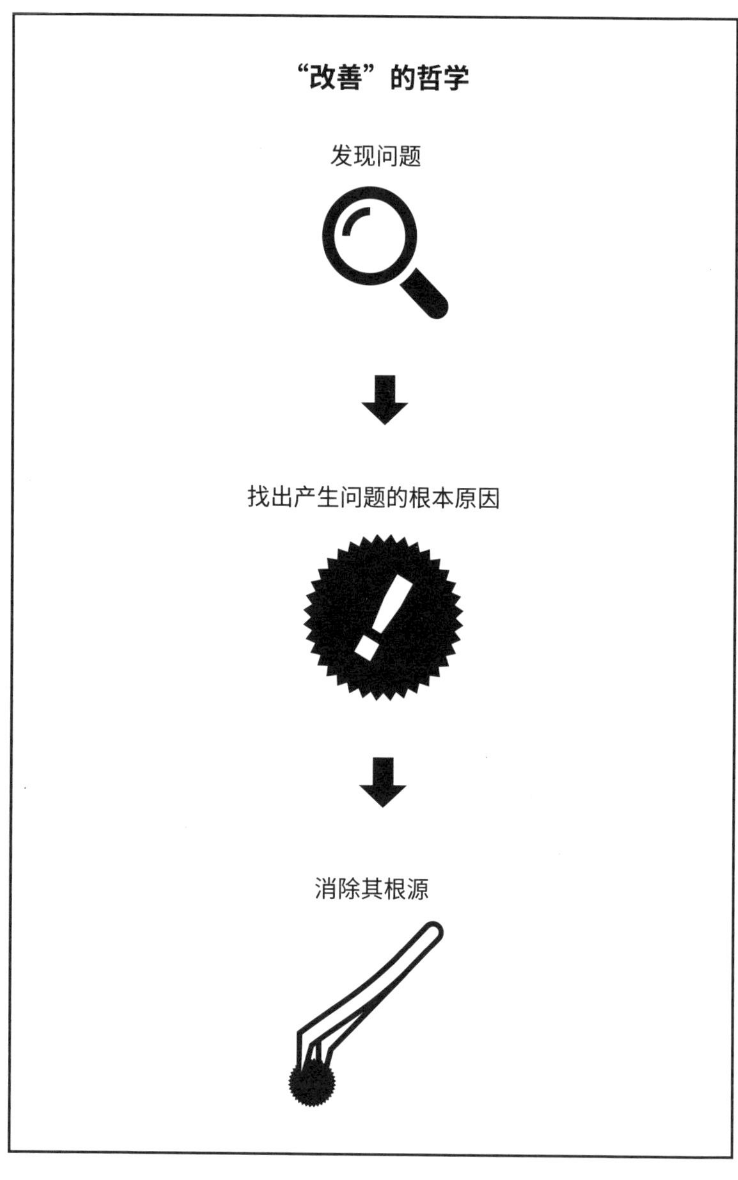
“改善”的哲学
发现问题
找出产生问题的根本原因
消除其根源

丰田员工：充分争论并最终达成共识

所谓金太郎棒棒糖，一般是指由完全一样且毫无个性的人所组成的团队。从这个意义上说，丰田与金太郎棒棒糖是风马牛不相及的。

就我个人所见，没有哪家企业能像丰田一样，聚集这么多形形色色的人，并且他们能从多个不同角度提出各种各样的意见。

从发现问题到从根本上解决问题，丰田员工都习惯自主思考。“我也是同样的意见”“我也那么认为”，诸如此类盲从的话，是不会从他们的口中说出的。不屑“与他人一样”，坚持自己的意见，才是丰田员工的本色。

在员工意见不一致，但又必须给出部门或团队的结论时，又当如何呢？

我们的做法是，让不同想法、不同价值观尽情碰撞，争论到底。

做出决定需要时间，所以，即使搭上时间，也不轻易妥协。

“改善”，忌讳的是在不上不下的地方妥协。那么，要讨论到什么程度才算结束呢？这就是要回到彼此共通的理念上。

正是因为在最根本的地方拥有共通的理念，所以即使讨论的时间长到不可置信，终究还是有达成共识、结束讨论的时候。

经过长时间的争论仍不能结束，不外乎几种情况，或过分纠结于细节，或过于固执己见，或局限于派系主义而忽略了问题本身等。

为了避免出现以上列举的情况，就应该回归“改善”哲学本身。

在这里有一些必备的要素：

·彼此都将争论对手作为丰田员工或者一个人格主体予以尊重。换句话说，就是对争论对手要抱有不可动摇的信任感。

·对方有可能是资历相仿的同事，有可能是晚辈，有可能是顶头上司，也可能是其他部门的领导，还可能是经营方的人员，即使各自立场不同，但只要彼此共有“改善”这一信任感，讨论就会在较高的层面找到共同点，从而结束争论。

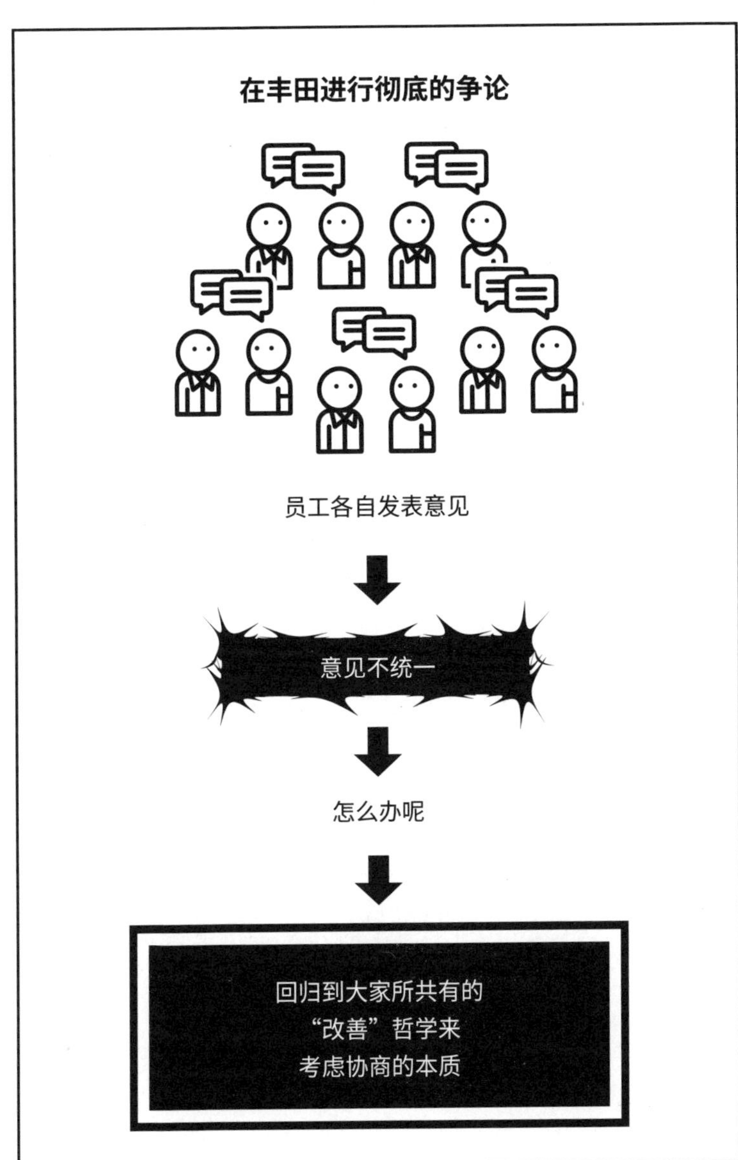
在丰田进行彻底的争论
员工各自发表意见
意见不统一
怎么办呢
回归到大家所共有的
“改善”哲学来
考虑协商的本质

“丰田主义”并非表面工程，而是在实践中形成的理念

对丰田之外的人来说，一时半会儿很难理解丰田这种解决问题的方式或者目标达成的过程，甚至难免产生诸如“这不过就是表面工程吧，实际工作中肯定不会按这个实行”这样的疑虑。

然而，这不是表面工程。

例如，为了在日本乃至全球的丰田机构中推行丰田的企业理念，丰田在2001年制定了名为“丰田主义2001”的行动方针。

在我看来，“丰田主义”即“改善”。简要概括“改善”的内容，就形成了“丰田主义2001”中的以下内容：

> “丰田主义”的两大支柱是：“智慧与改善”和“尊重人性”。“智慧与改善”就是永不满足现状，为了追求更高的附加价值而凝聚智慧。“尊重人性”就是尊重所有的关系者，将员工的成长与企业的成长连接到一起。

单看这段文字，有可能越看越像是表面工程。实际上，这正是丰田员工在长期工作中养成的并在日常工作中践行的行事准则的真实写照。

也就是说，这绝不是什么表面工程，而是经过实践检验的、现在及将来也会继续坚持的理念。

倘若“丰田主义”是由企业自上而下强推而来的话，丰田也不可能成为位于全球汽车生产企业前列的汽车制造商。

总之，“改善”也好，“丰田主义”也罢，都不是由企业单方面强压给员工的。

丰田之所以位于全球汽车生产企业前列，是因为它具有由“准时制”和“看板方式”构成的独特的“丰田生产方式”。众所周知，将此生产方式体系化的是丰田早期的经营者——丰田喜一郎和大野耐一。虽然他们提出了丰田生产方式，但将其自上而下强加于现场，能否发挥作用，能否为企业带来如今这样的发展规模，在当时还不得而知。

成为工会专职人员才能明白丰田强大的本质

1975年，我从早稻田大学毕业，进入了家乡的丰田汽车公司。那时丰田的销售规模只有美国通用汽车公司（GM）的1/10左右。但令我印象深刻的是，1966年发布的丰田卡罗拉广受欢迎，引领了那个时期的大众汽车市场。

因为是法学科班出身，我被分配到法务部，工作了八年。到了第九个年头，我想，随着工作经验的积累，我该慢慢得到晋升了。正当模模糊糊地规划着未来的时候，我收到了意想之外的邀请。

丰田汽车工会发来了“要不要试试专门从事工会工作”的邀请。如果专门从事工会工作的话，就会离开公司的日常事务，作为工会专职人员从事工会工作。

当时，我在法务部的工作正渐入佳境，因此，在收到工会的邀请之初，我面临着两难的选择——为什么是我啊？在我举棋不定的时候，前辈和朋友们都说“这将是一个很好的职业经历”。最后，我决定接受这个邀请。我想，这不过就是一个短期的专职工作，工作四年左右后，我还可以回到法务部工作。

这就是我当时的真实想法。

开始工会工作时，我在自我介绍时说：“我要专心将工会工作做到底。”这被认为是一时心血来潮而故作姿态之语。

然而，豪言壮语真的变成了现实。从我着手工会工作的那一刻开始，我便一心从事工会工作，并且从未后悔过。比起在法务部，在工会，我对丰田现场的了解更深入，对“改善”的本质体会得更深刻，因此对丰田的强大来自何处也更有切身体会。

为什么会这样呢？

关键原因是，在生产现场践行“改善”的工场部门员工的人格魅力及真挚的姿态深深地打动了我。在和这些人无所顾忌地交换意见的过程中，工会工作也逐渐变得有趣起来，于是，我的思想也就转变了，从临时干几年变成想在这里干到底了。

刚刚成为工会专职人员时，我的工作还包括处理工会退休员工（OB）的日常事务。

对我而言，这是一种幸运，因为我能听到以丰田工会第一任主席为代表的、丰田早期前辈们的心声。

我真实地听到了关于“改善”的来龙去脉，也听到了“改善”是如何渗透到丰田的每一位员工心中的，还听到了工会在其中所承担的任务。

要是没有工会在幕后艰苦执着的努力，就不会有“丰田主义”的问世，也不会有因“丰田主义”而走在世界汽车行业前列的丰田。

正是因为从事专职工会工作，我才得以听到许多前辈和工场部门的心声，从而得以了解丰田之所以强大的精髓所在。

强大的根基源自彼此间的“信赖关系”

这样的小标题看起来太过理所当然，可能没有什么冲击力。但是即便如此，我还是要说，构成“丰田主义”根基的，是彼此间的信赖关系。

上司和部下的信赖关系、员工之间的信赖关系、公司和客户的信赖关系、公司和贸易伙伴的信赖关系、公司经营层和工会的信赖关系、工会领导和每位员工的信赖关系等，如果没有建立起所有这些信赖关系，公司就不可能变得强大。

如果没有真正建立起这些信赖关系，大概也就不会养成“改善”的哲学。“改善”的实践即“发现工作中的问题并消除其起因”。现在看来，这是理所应当的，如果没有真正建立起信赖关系，这些行为也不会推广到公司上下。

举个例子，假如你在工作中发现了不合理、不节约、不均衡的问题，自己开动脑筋制订了改善方案（解决方法），然后兴冲冲地向上司汇报时，上司却漠不关心地说："按现在的做不是很好吗？别想那些多余的事情。"你会是怎样的心情呢？

大部分人会灰心丧气，会对发现问题或思考"改善"变得消极懈怠。当然，对上司也无法建立信任感，曾经有的一点信任感也会消退，进而对工作不再有热情，变成一个没有干劲，只等着按指令行事的人。

但是，在丰田，这样的情况绝不存在。

如果真有这种与"丰田主义"完全背道而驰的上司，他会遭到大家的唾弃，也不可能在丰田公司生存下去。

那么，对部下的议案表示关心，对"改善"行为予以肯定的上司，又将如何呢？

当然，部下肯定会因为得到肯定而心生喜悦，工作干劲会更加高涨。然而，如果仅仅局限于这样的应对方式，员工的喜悦和热情是不会长久的。

员工可能会有"因为好的工作表现而得到表彰或涨薪"的期待，如果没有有形的回报，"改善"的热情也会自然而然消退。

所谓信赖关系，不是单靠口头承诺就可以形成的。即使反复说"希望你能相信我"或"我一直信任你"之类的话，如果没有任何具体的行为作为证明的话，相互间的信任就不可能真正建立起来。

丰田的“改善”哲学确实是从员工入职伊始就慢慢渗透的，但绝不是用理念或行动指南之类的口号来教育的，而是通过实践，让员工自己体会何为“改善”。

实践即工作本身。但是，仅仅顺利地完成被布置的工作称不上是实践。

只有发现自己的工作以及与工作相关的周边环节所隐藏的问题，并用自己的头脑和行动解决问题，才是公司所期待的“改善”的实践。

丰田所说的“信赖感”，也只有通过这样的实践才可能产生并得以成长。

“奖励”可以提升信赖感

那么，公司如何体现对每一位员工的信赖感呢？

答案可能有点出乎意料，最大的体现方式是“金钱”，而且，金钱的支付方式有诀窍。

说得粗俗一点儿，人是为了钱而工作的，而且，毫无疑问，钱挣得越多越开心，积极性也越高。

不管道理说得多么好听，如果所做的工作或付出的努力不与金钱挂钩的话，那就无法持续下去。即使有人作为志愿者而工作，但那也是暂时性的，一直靠做志愿者工作谋求生存，一般是不太可能的。

员工感受到“公司在切实为我们考虑”的时候，基本都是自己付出的努力从公司得到了相应金钱回报的时候，也是员工对公司的信赖感得以增强的时候。

"改善"的哲学("丰田主义")能够深植员工各自心中的最初起因，全在这里。

举个简单的例子来具体说明。

在丰田，支撑"改善"的制度之一是"创意提案制度"。此提案制度从高速成长期开始被许多企业引进，取得了一定的成果。以"改善"为哲学的丰田也理所应当地实施了该制度。

丰田的提案制度在运作方法上有着独特之处。

无论多么微不足道的事项，只要写出来都能得到报酬。20世纪70年代，我在法务部工作的时候，只要提出一项议案就可以得到500日元的报酬。

我以为现在应该翻倍涨到1,000日元了，但经与公司确认得知，居然还是500日元。

诧异之余，仔细一想，我认为这正是丰田的风格。对提出的议案支付报酬，是想让大家珍惜提出议案时(并非被采用时)的喜悦感，无论是支付方还是接受方，都并不会在乎金钱的多少。

当然，影响力大的议案，比如让成本降低几百万日元的提案，支付10万日元的报酬也是可能的。此外，如果能提出多项议案，年终还会得到表彰。

虽然对提案内容没有任何限制，但也还是有一点要求的，那就是，提案者在工作中试行后并取得了一定的效果。

比如，“把架子上的物品移到了这个位置”（改善提案），“于是效率得到了提高”（效果）。效果哪怕是直觉上的也可以，并不看重数据检验。总之，只要是经过本人验证的“改善”提案，就能得到报酬。

最独特的一点是，经过一段时间的实践证明，还是恢复原状更有效，将之前已经获得过报酬的“改善”提案推翻再“改善”，也可以作为新的提案提出来，而且也能受到嘉奖。

总之，对员工查找自己工作中存在的问题，开动脑筋认真思考并进行尝试的行为，公司都会给予奖励，并建立了对其思考结果予以认真肯定的机制。

奖金，就是公司给予肯定的证明。无论是500日元还是1,000日元，都体现了公司对员工的一种肯定。通过这种方式，员工可以确信，“如果用自己的头脑进行思考并认真工作的话，是能得到公司肯定的”。

如此周而复始，员工对公司的信任感就逐渐建立起来了。

评价的证据以金钱体现

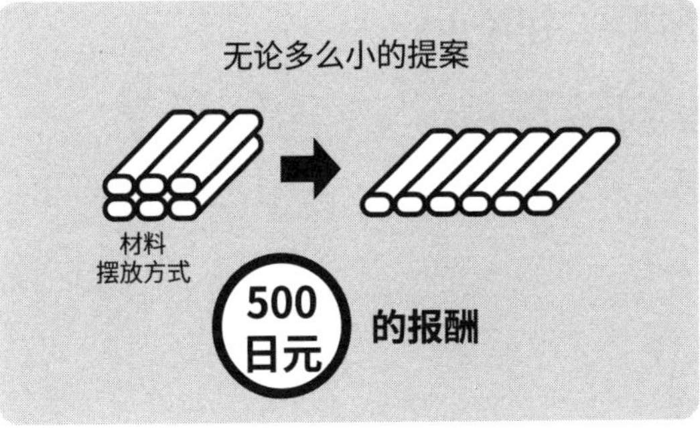

这个提案并不好

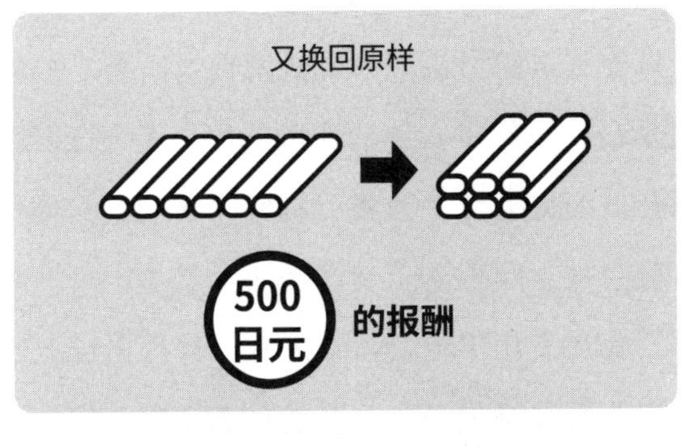

通过不断地肯定
从而产生信赖

无论在哪个部门
都能得到锻炼的“改善”哲学

丰田是生产制造企业，一说到“改善”提案，现场的印象很强。但是丰田的“改善”并不局限于现场，不论在哪一个部门，只要是丰田员工，都会被灌输“改善”哲学。

不论是在我工作了八年的法务部门，还是在后来的事务部门，都会被督促提交“改善”提案。我的亲身体会是，每三四个月就会被上司催着上交“改善”提案。

当然，我在工作中也在拼命思考，并提出过“给纸质文件夹的封皮背面装个袋子”之类的创意提案，一一说出来未免有自吹之嫌，在此就不展开谈了。

记得当年法务部的一位同事提出的“改善”提案确实为公司节省了一大笔经费，直到现在，他的提案还在被使用。他的提案是：“目前我们把无须做成合同的文件也专门做成合同并贴上印花税票。如果变通一下做法，就会省下这笔印花的费用。”他在充分确认这并不是钻法律的空子之后提出了这个提案。

对于之前大家都认为理所应当而持续着的事情，经他提出质疑并经过调查确认后发现，贴印花果真是浪费。

这个提案被公司正式采纳后，每个月能节省100万—200万日元。

为公司节省了大笔经费，给提案人的奖励却只有区区500日元，这显然是失衡的。而失衡往往就意味着心有不平、郁郁不乐。

对这种失衡的“改善”是公司不仅对“改善”之举给予了很高的评价，并且给出了与之相适应的奖励。我记得，这位法务部同事大概拿到了相当于半个月工资的奖金。

丰田的“改善”哲学，对从前持续至今的做法毫无批判地一味接受，而不经过自己思考的行为是厌弃的。即便是持续了很久的做法，也要敢于质疑。

不管在哪个部门，不管在哪里，也不管从事什么工作，这一要求都是始终如一的，并且要求融入每个人的行为习惯，要做到身体力行。

创意提案制度堪称支撑“改善”哲学的精髓，员工也不遗余力地欣然执行它，他们坚信，“只要做出成果，公司就一定会给予相应的肯定”。

抓住真正原因的五个“为什么”原则

对公司的信任感，也表现在工作出现失误等消极情况下。

在现场生产线上发生一些小问题或故障时所采取的应对方法，更能体现丰田的风格。

比如，在零件切削生产线上，传送带被一个小的零件卡住，导致该流水线停止运行。只要用手拨回被卡住的零件，流水线就立刻又运转起来，就像什么事也没发生一样。不仅在汽车生产厂家，世界上大多数生产工厂可能都是这样处理的，就像什么事都没发生一样让生产线继续正常运转就可以了。

但是在丰田，这样的处理方式是绝对不允许的，操作规章也绝不提倡这样的应对方法。

如果知道传送带停止是由小零件卡住引起的，用手拨回被卡住的零件，可能确实可以解决当下的传送带停转问题，但是它只是修正了“当时、当地发生的情况”。

这是一个敷衍了事的解决方案，因为再次发生相同情况的可能性没有被消除，所以在丰田，这不能算是解决了问题。

作为解决问题的原则，在这种情况下，每一位丰田员工都会不约而同地选择“问五个‘为什么’”。

一种现象的发生，往往是由多个方面因素交织而成的。到底什么才是其真正的原因（真因）？为了防止这种现象再次发生，最需要消除的是哪个原因？为了得到这个答案，至少得问五个“为什么会发生这种现象”进行深究，才有望找到真正的原因。

这就是对于所发生的现象至少要反复问五个“为什么”，找出引发现象的“真正原因”的原则。

五个“为什么”的实践过程：如何实施

让我们以刚才提到的传送带停转为例，来介绍五个“为什么”及其实施方案。为什么传送带会被零件卡住？这是第一个“为什么”。当事人需要仔细检查眼前的传送带，倘若发现传送带上有细微的凹凸，如果仅着眼于消除这个原因，那么采取适当的方法除掉凹凸的地方，使传送带平整即可。

如上所述，仅仅如此并没有解决真正的问题。掌握了五个“为什么”原则的当事人自然而然地会问第二个“为什么”。

传送带上为什么会出现轻微的凹凸呢？是只有这一条传送带不平整吗？旁边的传送带是否也出现了相同的现象呢？

如果调查结果显示其他传送带也发现了相同的现象，则可以推测传送带存在问题。至此，将核实传送带的制造工序。这就是第三个“为什么”。

经核实，构成传送带的部分材料经不起温度变化，比较容易变形。那么，传送带的设计者为什么会使用这个材料，这就进入到第四个“为什么”。

调查结果表明，设计者没有考虑到温度变化因素。那么自然就会对设计者为什么没有考虑温度变化产生疑问。这就是第五个“为什么”。

调查发现，真正的原因原来是没有将现场的使用方式充分地传达给设计者。

至此，一共提了五个“为什么”。直到第五个“为什么”才终于找到了传送带停转的真正原因，即“没有将零件切削生产线现场的相关信息充分传达到设计部门”。

流水线停转的真正原因至此才算是水落石出了，但是实际工作中“为什么”并不会止步于此。

在这之后，“为什么”仍会继续，诸如“为什么现场的重要信息未能得到传达”“为什么设计师没有充分考虑现场的使用方法”，等等。

如此这般深挖下去，就会发现公司内部的交流及部门之间的信息共享等问题，很多时候也同样适用于其他状况。因此，如果丰田的每位员工都能经常不断深挖“为什么”，就可以防患于未然，可以极大地助力公司提升效率、提高生

问五个“为什么”来解决问题

第一个“为什么”

为什么零件会被卡在传送带上？

▼

发现传送带不平整

第二个“为什么”

为什么会出现不平整？

▼

传送带的制造工序有问题

第三个“为什么”

传送带的制造工序，哪个环节有问题？

▼

查明传送带经不起温度变化

第四个“为什么”

为什么传送带会用这个材质？

▼

因为设计者没有考虑到温度的变化

第五个“为什么”

设计者为什么没有考虑到温度的变化？

▼

不了解现场的状况

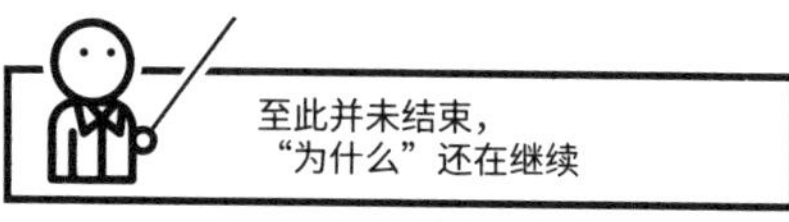

产率。

这正是丰田“改善”的真正价值。补充一句，提出反复问五个以上“为什么”的“绝对原则”，并将其在公司内发扬光大的，正是被称为丰田生产系统创始人的大野耐一。

大野经常视察现场，看到正在思考故障原因的当事人，他就说：“请在这个圆圈中思考，直到找出真正的原因为止。”一边说着，一边用粉笔在地板上画了一个圆圈。这个逸闻流传甚广。

不难窥到大野想要将至少问五个“为什么”的原则渗透到每一位员工心里的坚定信念。

因为拥有信任，所以才能毫不犹豫地叫停生产线

我还想再写一个能够展现公司与员工之间、上级与下级之间相互信任的故事。

在丰田的制造现场，生产线旁边的顶上有一根绳子。

这是一个应急设施，一拉这根绳子，生产线就会停下来。以前，当生产线的负责人想上厕所时就会拉这根绳子，所以生产线会时不时地停止。

长期这样，效率实在低下，于是增加了休息时间，由此才杜绝了因上厕所导致的生产线不规律停转。

当然，当自己有操作失误的时候，作为应急措施的拉绳仍在实行。

一旦拉绳，会发生什么呢？班长会跑过来询问："嘿，怎

么回事？”他是来追查拉停生产线的原因的。

“哦，不好意思！这儿出了点儿问题。”拉绳的员工如实汇报出错的地方。班长一边问：“是吗？在哪里？”一边麻利地进行处理，说着“这样就没问题啦”的同时，将生产线重启。

在这个过程里，并不会引发什么混乱。其他员工也会默默地停下手中的工作，等待生产线再次动起来。

拉绳叫停生产线的当事人也如同什么事都没发生过一样继续工作，不会因叫停生产线而产生急躁或沮丧的情绪，因为这是极为平常的状况。

日本海外工厂的员工来丰田参加培训，我带他们参观过工厂。对海外员工而言，最令他们惊讶的就是这个能叫停生产线的拉绳。

“一拉绳，生产线就会停转，这样真的可以吗？”

“会不会因为害怕，谁都不拉绳？”

“在我们工厂，如果叫停生产线，班长就会冲过来大发脾气。”

对于在海外工厂工作的员工来说，这个拉绳，让他们惊讶不已，似乎也让他们难以置信。

正在这时，碰巧有负责人拉绳让生产线停了下来。班长笑着跑过来问：“嘿，怎么了？”问清楚事由后，便是习惯性地说着“没事，没事”，很快就处理好了。

不一会儿，生产线就像什么也没发生过一样，又正常运转起来。

看到这一情景，海外员工惊讶得睁圆了眼睛。这还真是一种文化冲击。

对于日本的丰田人来说，他们对这种情况早已习以为常。遇到问题，无须犹豫，直接拉绳就行。而且，无论是本人还是上司，都是笑着处理问题的，这使得海外的员工非常惊讶。

将问题留到后期工序是犯罪

不仅国外工厂的员工对毫不犹豫地拉绳叫停生产线感到惊讶，恐怕日本制造业的从业人员也会有些惊讶。

生产线停转，效率就会直线下降，根据情况，没准还会冒出计划之外的加班。这既会给大家造成麻烦，也会让上司承担责任，根本就不是笑得出来的事儿。

“谁弄停的？”

“是你啊！你到底在干吗?!”

当如此这般的怒吼声劈头盖脸而来的时候，谁会当那个叫停生产线的人呢？于是，即使在自己眼前流过不合格零件，也会假装没看到——反正不是自己的错，大家都绕着叫停生产线的责任走。如此这般情形，也就不难想见了。

但是，丰田人不会这样想。只要进了丰田，不知不觉中就会养成一种独特的思维习惯——逆向思维。

如果让不合格零件就那么从生产线上流过，将会怎样呢？

即便不合格零件没有被使用、被组装，但可以肯定的是，被发现的工序越晚就越麻烦。与在前一工序叫停相比，这效率无疑会大大降低。

当问责“为什么到这一步”时，总得有人不得不招供自己放任不管的事实。

此时，就算当初视而不见的操作人员为自己没有在发现的时候及早拉绳而懊悔不已，其实也已经是悔之晚矣了。

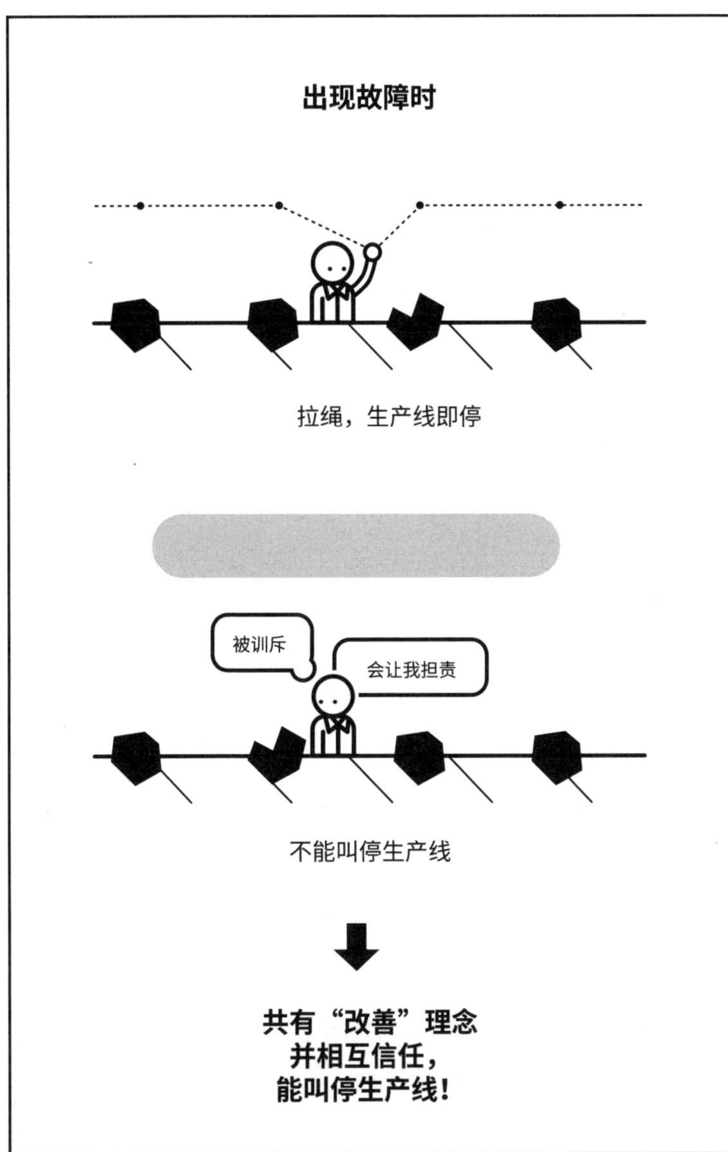
出现故障时
拉绳，生产线即停
被训斥
会让我担责
不能叫停生产线
共有“改善”理念
并相互信任，
能叫停生产线！

上司的应对方式，关系到自主性的培养和效率的提高

如前所述，我进公司时，最初的就职部门是法务部，也就是远离制造现场的部门。但是入职丰田的员工不管被分到哪个部门，都会在入职后的培训中亲身体验现场工作。就我而言，大概在现场工作了两个月。

短短两个月是不可能完全了解丰田生产方式的。没有任何先入为主的观念，如同一张白纸一般地亲历现场，被灌输的内容非常多，多少找到了一点作为丰田人的现场感觉。

一晃几十年过去了，但当时的感觉仍然记忆犹新。多亏这个培训，才使我在成为工会专职人员之后，能够与生产现场的员工进行推心置腹的交谈。

在为期两个月的培训中，我也经历了生产线停转的情

况。因为培训课程里说过,“无须顾虑,拉绳就好,不是什么麻烦事”。虽然也曾感叹“真的停了”,但我并不感到害怕。

毕竟刚进公司,我总想着“不能给班长添麻烦”。我还清晰地记得那时的情形,时刻集中注意力,竭力避免因为自己操作不当而拉绳。

事实上,正是员工的这种严于律己的自觉,才使得丰田具有了“只要我用心工作,就不用叫停生产线”的自觉,这也是丰田生产方式的优点之一。

换句话说,上司与其施压说:“不能叫停生产线!”倒不如说:“不要有顾虑,有问题就拉绳。”这样更能让大家持续地集中精力,努力工作。

也正是公司的这种应对方式,培育了员工的自主性,使得每位员工都能自发地提高效率。这正是丰田生产方式的精髓所在,也是整个公司文化的精髓所在。

这种文化就是,绝不允许隐情存在。

近年来,部分大企业或政府部门频频爆出丑闻或掩盖真相的事情,这在丰田是绝不会发生的。

这种“绝不会发生”的自负和自信,也来自管理层和员工之间共有的信赖感,这正是丰田的企业文化。

青史留名的战后最大危机

劳资双方之间堪称绝对信任的背景是，从丰田管理层到每一位员工都学习过并铭记在心的昭和时期（注：1949年）的历史。

在此简单地做一下回顾。

1945年8月战争结束后，日本产业界在日本人的勤奋刻苦和积极向上的敬业精神的基础上迅速复兴，以丰田、日产和五十铃为首的汽车产业以卡车生产为主，引领了经济复兴的实现。

丰田在1947年汽车产量为3,922辆（其中小轿车54辆），其后的1948年汽车产量为6,703辆（其中小轿车21辆），1949年汽车产量过万，急增至10,624辆（其中小轿车235辆）。

其他行业的发展也同样活跃，整个日本都处在经济复兴的热潮中。驻日盟军总司令（General Headquarters，在日本通称为GHQ）担忧过快的经济复兴会伴有通货膨胀的危机，于是采取了有力措施加以遏制。

“肖普建议”①和“道奇方针”②就是其遏制的手段。

因为这些强制手段，日本经济急转直下，陷入通货紧缩的泥潭中，产业界陷入经营恶化状态。汽车行业也不例外。随着需求下降，汽车的销售资金回笼缓慢，现金流显著恶化。

以丰田为例，虽然1949年产量过万，但当年年底，资金缺口为两亿日元，不仅无法正常支付员工的工资，甚至到了不裁员就难以为继的局面。

当时的丰田汽车创始人丰田喜一郎（第二任董事长）手

---

① 1949年5月，美国派税收代表团到日本，其团长为哥伦比亚大学教授肖普（Shoup, C. S.）。经过三个月的调查研究，该代表团8月26日提出建议概要，9月15日提出长达10万字的报告。其主要内容有：1. 对国税和地方税进行重大改革，建议以直接税为重点税制。2. 确立中央和地方的税源分配原则，建立地方独立税制，以充实地方财源。3. 对所得税制进行合理的改革。4. 改革法人税，促进资本积累，采取避免个人和法人重复课税的措施等。麦克阿瑟将肖普建议交给吉田内阁。10月，肖普为制订1950年预算重来日本；编制1950年1月—1951年3月超均衡预算。1950年3月，肖普又来日本；9月，提出了第二次建议。

② 道奇方针，即道奇计划，是第二次世界大战战后初期，美国占领军当局为稳定日本经济、平衡财政预算、抑制通货膨胀而制订的计划。因1949年由占领军财政顾问、美国底特律银行总裁道奇提出而得名。计划依据占领军当局提出的缩减开支、平衡预算、加强征税、限制资金贷放、稳定工资、加强物价统制等稳定日本经济的九条原则而制订。

下的管理层四处奔走，一面向银行请求融资，一面向原材料供应商请求延缓支付货款和继续供应原材料。

但是，寄予希望的银行融资进展并不顺利，没有银行答应贷款给丰田。

喜一郎最后的指望是日本银行名古屋分行行长。该分行行长考虑到丰田公司经营失败将对中部地区经济造成的影响，接受了来自日本银行背后的靠山——银行团协调融资的支援。

但是，这种支援是有条件的，一是产量减少 30%，二是销售部门要独立出来，三是裁减人员。

当时的丰田别无选择，为了避免破产这种最坏的情况发生，只能全盘接受这些条件。

其中最大的问题就是要取得工会的同意。公司向工会提出裁减 1,600 名员工的要求，这当然不可能得到认可。工会以罢工方式进行对抗，逐渐演变成了激烈的劳资纠纷。

在丰田内部，这一纠纷被称为“大争议”，也是现在劳资关系的出发点。

构筑了劳资双方信任关系的丰田大争议

先从结局说起，为了避免公司破产，工会判断只能同意这些条件，接受了裁员。但是作为劳资双方的一方，只让工会吃亏是无法达成协议的。

围绕这个协议的签署，最终导致了决定丰田劳资双方未来的两个事件的发生。

首先是当时的经营首脑丰田喜一郎社长的辞职。简而言之，他表态说：“既然裁了1/3的员工，经营方也得承担责任，我作为公司最高层引咎辞职。”

这并不是故作姿态，还有其他两位董事也确实辞职了。这一事实打动了每位工会成员的心，并成为对管理层建立信任感的契机。但是，工会并没有因此而改变方针。

实际上，在那之前的几个月，工会已接受了公司“减薪

10%”的提议。当时，同意减薪的前提条件是“不裁员”，并与公司交换了写有这一宗旨的“备忘录”。

工会以这个备忘录为由拒绝裁员，将争议诉诸法庭。工会向名古屋地方法院提出了“组织解雇的临时处置”要求。

但是，工会被名古屋地方法院以完全出乎意料的理由驳回了临时处置的诉求。

说到这完全意想不到之处，居然是备忘录里劳资双方的签字。该签字不是《工会法》规定的签名、按手印或亲笔签字，而是橡胶印章，所以被法院认定为“无法认定为正式的劳资协议，无效”。

董事的一句话改变了劳资关系

据说，得知工会的诉求被驳回后，董事会欢声一片。但是，有人对董事会一片欢腾的回应泼了冷水，他就是负责生产的董事丰田英二。据说当时他是这样说的：

“即使在书面上无效，但约定就是约定。”

后来担任社长长达15年的英二说的这句话，被每位员工熟知。

这个插曲成为决定丰田劳资关系的第二个事件。

丰田英二的这句话，是将劳资双方从“对立”变为“像汽车的两轮一样彼此信任的关系”的分水岭。

最终，1962年，劳资双方以“相互信任”为核心，缔结了“劳资宣言”。这个宣言的基础，就是1949年大争议中发生的这两个事件。

大争议最终以1,600名员工的裁减，以及最高首脑和两名董事的辞职落下帷幕，但是经营环境仍然严峻。

仿佛是专门等着大争议终结的一股东风很快吹来。1950年6月爆发、1953年7月结束的朝鲜战争给日本带来了巨大商机，汽车产业快速恢复，卡车和小轿车的生产迅速增长，每家公司都是一派欣欣向荣的景象。

随之而来的是人力短缺，从裁人突然变为招人，被裁掉的员工都欢天喜地地重回公司。因为工会曾经以“若恢复业绩就优先录用被裁员工”为宗旨与公司达成了协议。

摆脱对立并巩固“两个车轮”论的劳资宣言

从大争议到1962年发表劳资宣言这段时期，整个日本工人运动动荡不安。当丰田工会为公司的裁员政策而苦苦抗争时，各家公司的工会都面临着相同的危机并与公司展开了斗争。

在与公司斗争的同时，工会内部的路线斗争也十分激烈，并形成了两个主要派别——“左倾”派和稳健派。

“左倾”派认为，“如果公司倒闭了，工会就取代公司进行经营”；稳健派认为，“如果公司倒闭就会鸡飞蛋打，应该以健全企业经营为前提，向经营方建言献策，来提高工会成员的生活水平”。两派意见相互对立，很难调和。

丰田工会内部也同样如此。对立的中间是“丰田生产方式”，工会部分会员附和来自外部的批评，认为“丰田生产方式不是劳动强化，而是剥削”，而另外一些会员则认为，“如果不从正面接受这个生产方式，公司就不会发展，也就不能保证工会会员被雇用，也无法保障工会会员生活水平的提高”。

事实上，在公司面临破产危机时，争论的意见分歧也最大。但丰田工会当时的领导层保持着冷静。

之所以接受裁员的结果，是因为他们有一个冷静的判断："无论工会如何激烈地斗争，如果公司破产，工会成员的生活就会面临困难，甚至流落街头。"

加之在争执的过程中，工会管理层深感公司经营层丝毫没有忽视“约定”并尊重工会，丰田工会最终达成了以“两个车轮”和“长期稳定地改善工作条件”概括而成的两个基本思想。

以这两个基本思想为指导，工会不以与公司对立为前提开展工作，而是通过双方互信，力争改善业绩和工作条件。

以这些基本思想为基础，工会与公司达成明文规定，并于1962年向公司内外公开了“劳资宣言”。

全文篇幅较长，以下仅介绍其核心部分的内容。

关于这个宣言，丰田工会并没有在外面大肆宣扬。现在重新再读，作为劳资双方共通的想法非常合情合理，没有任何不可告人的地方。因为当时的工人运动的主流是“左倾”派思想，据说工会执行部在签字时多少有些犹豫。

在我成为工会专职员工大约两年的时候，在历届主席OB座谈会上，当时的主席对我说：“劳资宣言的文字内容主要是公司想出来的。当然执行部的大多数人也赞同这些想法，但在当时还是有点不够理直气壮。”

另一位主席OB补充说：“正因为我们赞同宣言的宗旨，并在内心发誓要将它实践到底，所以才签了字。”

原来如此啊！听完这些话时，我觉得心一下子安定了。

近年来，在企业及工会的周年庆典上交换劳资宣言的例子并不鲜见，但在工人运动仍然很激烈的1955年后期，在我所知范围内，没有将这样的想法进行宣言的例子。

其后，每隔十年，劳资双方会再次确认劳资宣言并公布“确认宣言”。

2012年的宣言正值丰田50周年庆典，丰田在公司总部所在地修建了纪念碑，并举行了劳资双方高层领导出席的揭幕仪式。这是劳资双方都十分重视1962年劳资宣言的证明。

劳资宣言（1962年2月）

1. 通过振兴汽车工业，为国民经济发展做贡献。

充分认识汽车产业作为我国基础产业的重大使命及其在国民经济中的重要地位，劳资相互合作，为这一目标竭尽全力。特别是企业要有公共意识，贯彻为社会、产业和大众服务的精神。

2. 劳资关系以相互信任为基础。

以信义和诚实为信条，进一步加强在过去诸多变迁中建立的、基于相互理解和相互信任的健全、公正的劳资关系，尊重相互的权利和义务，谋求劳资双方的和平与安定。

3. 通过提高生产效率，实现公司的繁荣和工作条件的维持与改善。

为此，劳资双方要理解彼此的立场，在共同目标的基础上，努力提高生产效率，扩大成果，谋求雇用稳定以及工作条件的维持和改善，培育为公司取得更大发展的原动力。公司要充分理解人是企业繁荣的源泉，主动地努力维持和改善工作条件。此外，工会要充分认识提高生产效率的必要性，积极配合公司促进繁荣的各种政策措施。

以上述三点基本方针为基础，试图实现：

(1) 提高质量性能。

(2) 降低成本。

(3) 建立批量生产体系。

厌恶惰性的丰田将协商进行到底

1962年制定“劳资宣言”，然后每隔十年公布一次“确认宣言”并持续至今，的确是丰田的风格。

特别是劳资双方在“确认宣言”时，都要重新讨论彼此的想法和职责并进行确认，这一点不正是讨厌惰性的丰田公司独有的行事风格吗？

是的，丰田公司不愿依照惰性行事，一直贯彻着任何事情都要一边验证一边进行、该坚持的就坚持这一方针。当然，这与丰田生产方式也是相通的。应该说这是丰田生产方式得以发展的原动力之一。

丰田员工通过各种机会克服惰性，实践着重新回到问题的根本并加以思考和讨论的原则。

举一个发放补助金（夏季·冬季奖金）的例子。丰田从

20世纪60年代中期到20世纪80年代末期的大约20年间，经过劳资双方互相协商，每年给每位员工发放6.1个月的月薪作为补助金。无论公司的利润增加或减少，都会给员工6.1个月的月薪作为补助金。

因此，在经济状况良好的时候，工会成员认为“可以发得更多一点”，便对6.1个月的补助金感到不满。但是，公司认为“在经济不景气和利润不高的情况下，支付6.1个月的补助金是很困难的”。

然而，在长达约20年的时间里，劳资双方一直遵守着给员工发放6.1个月的月薪作为补助金的约定和协议。

有这样一个故事：

1982年，丰田汽车工业公司与丰田汽车销售公司合并，当时公司的利润创日本最高，超过了7,000亿日元。

此时，书记长煽动执行委员：“在日本创造了最高利润，6.1个月月薪的补助金是不是可以改一下？我们是否提议增加金额？由大家来讨论其合理性。”

执行委员一致欢呼：“太好了！”大家开始讨论：“6.5个月的补助金应该可以吧。”如此等等。有一天，大家讨论得正欢时，书记长出现了，听了一会儿大家的讨论后，他大声说道：“这么低层次的讨论怎么行？今年依然是6.1个月的补助金。这一点如何得到职场员工的认可，从这里开始从头讨论。”

就这样，在经过长时间的讨论以及针对职场员工的说服工作，并得到了大部分人的认可之后，工会向公司提出了6.1个月月薪补助金的要求，与公司方面也进行了反复讨论，最后达成一致，和往年一样，发放6.1个月月薪作为补助金。

6.1个月的月薪作为补助金已经实行多年并延续至今，可能有人会认为，不用从头讨论，“今年也和往年一样”执行不就行了？但丰田是不会那样做的。

即使知道每年都会得出同一结论，但是依然要从根本之处开始讨论，这才是“丰田主义”。

第一章小结

丰田有着名为“改善”的哲学

即使有多种意见，但是只要有共通哲学，就能达成一致

没有相互信任，公司就不会强大

对成果必须给予鼓励

发生问题时，问五个“为什么”来查明原因

即使对每年都要做的同一件事情，也要回到问题的原点进行讨论

第二章

决不妥协的丰田协商机制

逆风而行的丰田生产方式

在丰田生产方式中，每个人都被要求通过自主思考、自主行动的“改善”来提高效率。从今天到明天、明天到后天，无止境地努力提高效率，“到这儿就行了”这样的终点是不存在的。

由于没有终点，永无止境地被强制努力提高效率，所以在我进公司时，公司外部的人，特别是工会相关人员对丰田生产方式多有微词。

“丰田的生产现场存在严重的欺压劳动者的现象。”“那种生产方式纯粹就是剥削。”诸如此类的声音此起彼伏。

1973年，即我进公司的前两年，有一本以丰田工场为内容的书出版，书名为《汽车绝望工厂——一位季节工的日记》（镰田慧著，现代史出版社即后来的讲谈社文库出版），这本书在日本引发了热议。

我读了这本书。这本书是镰田慧以自己作为丰田合同工的实际工作经历为基础写成的，因此颇具感染力。当时还是大学生的我有一个疑问：“真的吗？丰田原来是这样的公司吗？”原本对丰田这个本地企业颇有好感的我，读了镰田慧的书后，不由得感到有点失望。

两年后，我自己成为“绝望工厂”的一员，应该说内心深处还没有被这本书带偏吧。

仿佛是为了回应流传各地的批判之词，丰田的管理层不断对员工说一些尖锐激烈的话。比如，丰田英二说的“干毛巾使劲拧，也能拧出水来”就广为人知。

这句话的本意是，只要肯动脑，就可以无止境地挖掘提高效率的办法，但是部分媒体和学者将其理解为“从员工身上一味榨取”，导致批判声不断扩大。

对于这些声音，英二深感沮丧，他说：“这句话被误解了。我的意思是，即使觉得毛巾是干的，但是空气中有湿气，毛巾还会返潮，所以必须得再拧一拧。”

简而言之，改善的智慧就是，即便认为“已经使尽全力了”，但是随着时间的流逝，还会出现新的问题。为了发现潜伏着的问题，就必须继续开动脑筋。这就是为什么“改善”永无止境。

我推测，大多数的丰田人也都是这么理解的。但无论是公司内部的人还是公司外部的人，要真正理解丰田生产方式的精髓，都需要一定的时间和经验，所以有人对丰田生产方式有误解一点儿都不奇怪。

对丰田海外公司的员工来说，要理解“改善”更是难上加难。当海外公司的员工参观流水线时，让他们惊讶的不仅仅是前面举例说到的拉绳问题，还有员工高效的移动和敏捷的劳动状态。有人对我说了这样一句话：“被要求这般飞速地工作，员工竟然还不罢工！”

从欧美地区人们的常识来看，这是令人难以置信的高强度劳动方式。

而在带领他们参观的我看来，这是再正常不过的了。看到他们惊讶的表情，我对日本工厂与海外工厂之间员工的劳动状态差别之大，不由得感慨不已。

“拧干毛巾”的愉悦感

从“汽车绝望工厂”这种说法的出现可知，来自社会的批评之声有多强烈。在这种形势下，还每天实践着丰田生产方式的员工感受又如何呢？

内心显然是无法平静的，不时会有家人或朋友关切地询问：“你没事吧？”

正是在这种情况下，我忐忑不安地走进了丰田公司。

因为新员工培训，我们得以进入工作现场，与老员工一起接触丰田生产方式，在这个过程中，各种担忧慢慢地消失了。

现场的前辈员工对工作绝没有勉强之情。让国外的工会干部惊讶的“陀螺一般高速运转”的场景的确存在，对此，我并没有批判的理由，只有“真了不起”的由衷赞叹。

每位员工的工作身影里都看不到“迫不得已”，所有的活动都是出于自己的本意。即使是刚进公司的我，对这一点也能一清二楚、明明白白。

虽然只有两个月的现场体验，但是作为丰田生活的开始，这段体验期对我的意义也确实非同寻常。

当然，丰田生产方式并不像书刊里介绍的那么简单，不是两个月的研修就能理解的。“拧干毛巾”是何意，也不是在新员工培训中就能参透的。

“拧干毛巾”，虽然只有四个字，但在丰田工作多年之后，我对它才有了自己的理解。

若能像“拧干毛巾”一样，常常怀着“改善”的意识去工作，“拧毛巾”这件事确实能带来意想不到的愉悦。

何谓愉悦？就是因为“改善”的智慧火花不断从自己的大脑蹦出而产生的由衷的喜悦。

例如，在自己的前一工序进行了某些“改善”，到下一工序的传送方式发生了些微变化，于是，下一工序的自己，自然就会在前一个“改善”的基础上，继续开动脑筋，往往就会有很妙的点子随之而来。

往往只是一瞬间的灵光闪现，但这一瞬间确实令人非常愉悦。将想出来的点子告诉前一工序，得到的回应一般都是这样的：“好主意！我这里的工序也可以做相应的调整，可能还会有可以改善的部分。”接着，前一工序可以再加以“改善”的地方也浮现了出来。

负责前后工序的两人，常常就这样在互动中“改善”，又在“改善”中互动。所谓智慧的不断涌现，往往就是这样产生的。

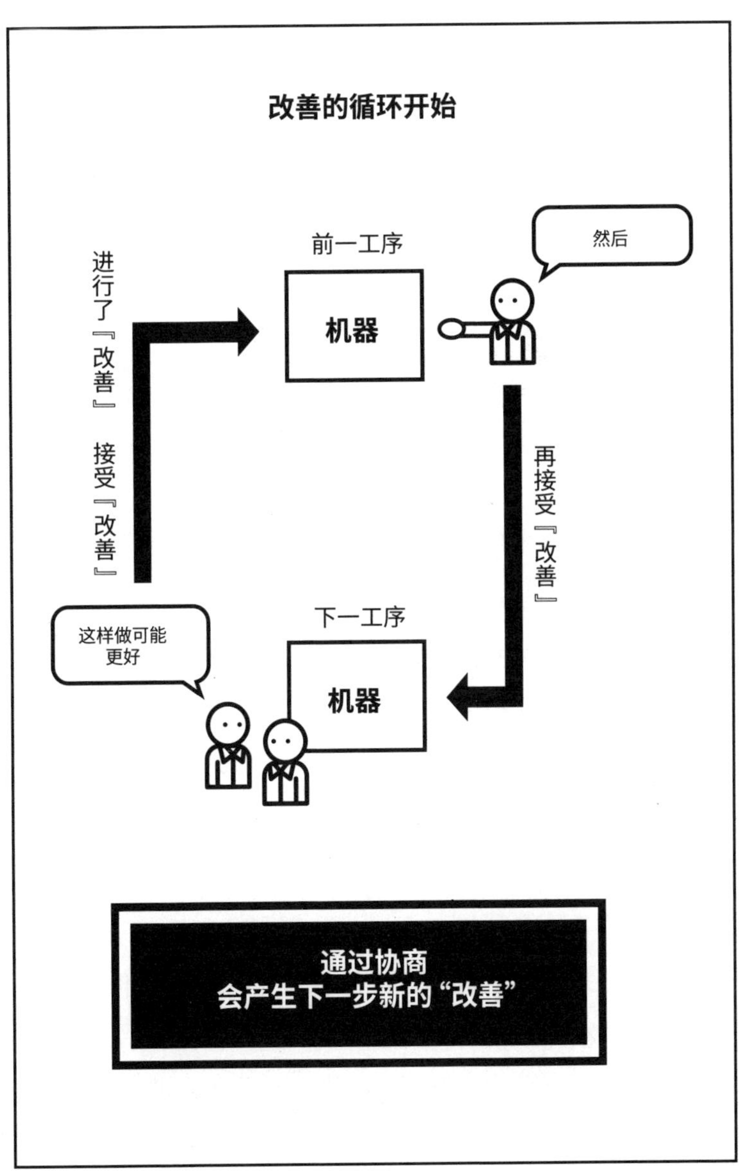
改善的循环开始
前一工序
机器
然后
进行了『改善』
接受『改善』
再接受『改善』
这样做可能
更好
下一工序
机器
通过协商
会产生下一步新的“改善”

“相互信任”的力量造就世界第一

愉悦的心情往往与智慧的涌现相伴而生，而智慧的涌现多半离不开信心和信任的支撑。

一方面，丰田的每位员工对公司都抱有信任感，而这种信任感也增强了他们的自信和对工作的信心。

信任不是一朝一夕形成的。建立信任关系的重要内容之一，就是前一章说过的对智慧要给予鼓励。即使是一个提案只给区区500日元的报酬，几十年坚持下来，它的意义都是难以估量的。

说到创意提案制度，公司并不是因为习惯而继续实行。恰恰相反，每天思考，每天想好主意，每天尝试，这些努力，这些每天“改善”一点点的努力，本身才是构成丰田生产方式的根基所在。丰田认为，对努力的结晶给予相应的报酬是理所应当且不容置疑的，这也是丰田公司几十年如一日加以贯彻执行的关键。

员工对公司抱有信任的另一个因素，是1962年劳资宣言得以坚决地继承。丰田工会的历代董事都深感这一宣言的重要性，不断确认其内容并将其作为工作的重中之重。

丰田工会几乎没有人再对丰田生产方式持批判的态度。非但没有批判，工会甚至承认丰田之所以能成为位于世界汽车产量前列的公司，正是因为丰田生产方式。

当然，关于丰田生产方式的讨论从未停歇。并且，对于丰田生产方式而言，最重要的是实际从事生产工作的每位员工的“自主性”。而支撑员工养成自主性的，毫无疑问正是源于对公司的信任。

另一方面，公司对自己的员工也是信任的。

但是，“信任员工”这个说法过于抽象，难免让人觉得是做给人看的表面功夫。然而，仅凭抽象的信任或表面功夫，是构建不出劳资宣言里宣称的“相互理解”和“相互信任”的。

在丰田公司，很少采用“全体员工”“每位员工”这样的概念，而是以每位员工都要加入的“丰田汽车工会”（本书中简称为“丰田工会”）作为相互理解和相互信任的对象，通过形式多样的机会持续进行着推心置腹的协商。

公司在协商中始终这样强调：

“如果有什么问题或要求想跟公司谈，请先向工会的董事反映，一定能得到解决。”

从这句话里可以看出，公司对工会的工作寄予很高的期望，以及在此基础上积极加强与工会沟通的态度。

所谓的“相互理解”“相互信任”，只有双方经常进行具体的招呼、行动和努力才能实现。

毫无疑问，丰田生产方式使丰田成为位于世界前列的企业。而我想强调的是，在丰田生产方式发挥威力的背景里，很关键的一部分就是劳资双方的“相互理解”和“相互信任”。

始终遵守“劳资对等原则”

丰田的劳资双方通过构建相互信任的关系，使得丰田生产方式更有实效。

不破坏这种关系，需要必不可少的条件。即双方始终保持平等，也就是要始终遵守“劳资对等原则”。这不能停留在口头上，重要的是要用形式证明确实是对等的。如果这种形式被破坏了的话，信任关系也会随之出现裂痕。

在对等形式中，必须放在首位考虑的就是“谁与谁对话”这一点。

出席劳资协商会议进行薪资谈判的时候，公司方面由社长和分管董事参加，最后一定是由社长发言。工会方面则由委员长作为代表做最后的发言。

薪资谈判对于双方来说都是最重要的谈判，彼此都由最高领导出席并发言。在重要性仅次于薪资谈判的协商中，公司方由分管董事参加，工会方由副委员长参加。

工会的干部一贯重视这一“劳资对等原则”。他们认为，“为了能彼此信任，必须坚持劳资对等原则”。

“劳资对等”嘴上说来固然简单，但要真正贯彻这一点并不容易。

因此，工会制定了原则性的规则。

首先建立“对等”的形式，即先确定“对应人”（协商的对象）。

具体来说，委员长的对应人是社长，副委员长的对应人是分管副社长，局长的对应人是以人事部部长为首的部长，工场支部长的对应人是工场长（常务董事级别），职场委员长的对应人是各个部门的部长。

这个规则可以说是从形式上“尊重彼此立场”的一种表现。因此，如果以“今天不太方便”为由轻易爽约，让其他人代替出席，就违反了“劳资平等”和“相互信任”的宗旨，使得长久以来形成的信任遭到破坏。

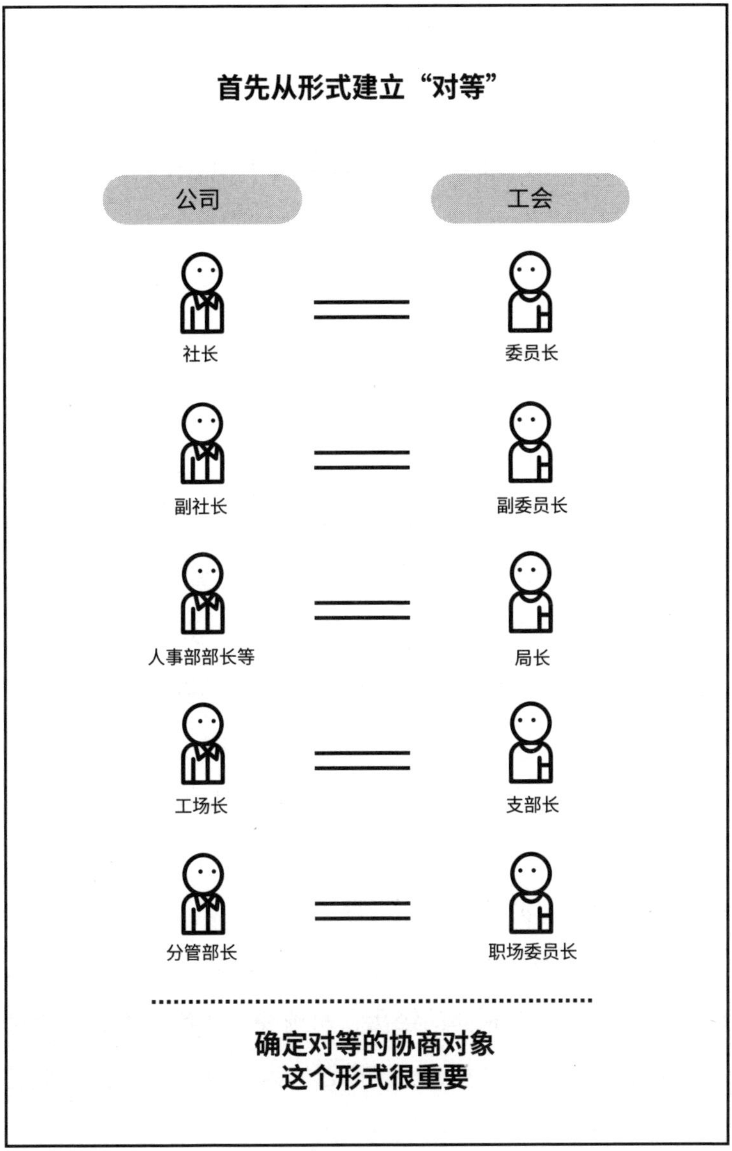

首先从形式建立“对等”

公司		工会
社长	=	委员长
副社长	=	副委员长
人事部部长等	=	局长
工场长	=	支部长
分管部长	=	职场委员长

确定对等的协商对象
这个形式很重要

公司和工会都重视的解决问题的根本

对这种确定对应人的规则，公司无异议，并同工会一样尊重对方的立场，不仅在谈判的场合，在平常对此也很留意。

我成为丰田工会书记长时才36岁，但公司很体谅我作为书记长的立场，给了年纪轻轻的我足够的尊重。我的对应人是分管董事（专务董事），一位50多岁的老前辈。

如果不是作为工会执行部的负责人，我连与他说话的机会都不会有。对不管是年龄还是工龄都远低于他的我，不管在什么事情上，他都能做到平等相待。

因所处立场而受到尊重的不仅是书记长，所有做过执行部负责人的都有相同的经历，职场委员（各职场的工会代表，不是工会专职人员）也同样，作为各自职场的代表都能得到相应的尊重。

在职场的职制（即职责分工制度）中，职场委员由班长级别的人担任。如果一名员工想要指出职场的问题或提出改善的要求，这些问题和要求就不能由班长的身份来受理，而必须由职场委员的身份来受理。

换句话说，不能以班长的身份向公司提出改善的要求，而必须以职场委员的身份提交给工会董事，在工会进行讨论，然后再由工会向公司提出要求。

如果向职制上的上司反映，如前所述，多数情况下，上司的回应是，“如果对职场环境或工作方式有问题或要求，请先向工会董事反映”。这才是最适当的处理方式，实际上这样一来问题解决得也比较快。

曾经有过这样的先例，即没有通过工会，而是在职制内解决了问题，工会执行部的董事因此向相关部门提出了抗议。公司也认为通过工会才是解决问题的正常途径，当时就对该部门的上司说：“这难道不是应该通过工会解决的问题吗？”

通过工会与公司之间的这种反复对话，公司的每位员工也自然而然地适应了“自己的工作环境中的问题要由自己来解决”的想法。

丰田员工的“自主性”不仅来自丰田生产方式，也从职场生活的方方面面得到了培养。

“自主思考能力”始于彻底讨论

为了培养“自主性”，使“自主思考”内化为一种习惯，我们重视的还有其他几个方面。

例如，任何讨论都从源头开始，不折不扣地认真进行，就是其中非常重要的一点。

前面在关于补助金的例子中已经说过，对于每年都讨论的同一问题，我们也一直坚持不打折扣地从问题的源头开始讨论。

如果想图省事，想略过多少都是可能的。如果将图效率置于员工成长之上，那么就应该尽量少讨论而多做事。

但是，丰田员工是不会只图省事的，因此，在丰田还经常听到这样一句话：“做决定需要花时间。”

这句话其实还有后半句。

后半句是："只要做了决定，事情也就快了。"

我认为这个评价很中肯。与金太郎棒棒糖的揶揄不同，这应该可以当作赞美之词欣然接受，因为重点不是前半句，而是后半句。

重视效率的公司，往往都会有这样的说辞："这个问题以前讨论过了，所以相同的部分只需确认一下就行。"然后以此为由缩短会议时间和流程。

丰田不采用这种方式。即使有与之前的部分相同之处，也会把这一部分纳入进来，从问题的源头开始讨论。以这个原则为前提，参与者都会各自从头开始思考。

既然是公司，自然存在等级制度。自上而下地做决策，对员工发号施令，肯定会提高效率。

如果丰田也是那种公司，那么丰田生产方式就无法顺利实施，成为世界第一恐怕也是一场白日梦了。

丰田在开始一项新工作时，会尽可能多地召集员工开会，就工作的目的和计划的具体内容进行确认，并讨论详细步骤。虽然不是所有的工作都必须如此进行，但至少员工对这种做法是大力支持的。

如果未参加讨论的人员参与了实际工作，因为对工作的目的和意义等根本之处没有透彻的理解，就很容易出现纰漏。

通过让尽可能多的人不计时间成本尽情地参与讨论，可以让大家了解包括细节在内的整个工作内容。

如果缺少这个基础，大家就无法养成“自主思考”“不出错的自主行动”的习惯。为了让丰田员工都能独当一面，他们从新员工培训阶段就开始积累这种经验。

工会创造了职场协商的土壤

即使花时间也要协商到每个人都认可为止，每个人都能自主工作，这正是“丰田主义”的秘诀。而且我认为，这种协商方式能在丰田公司内部推广开来，不用说，与丰田工会的付出是分不开的。

工会的工作通常从每年9月开始。从9月起的整个秋天，丰田工会都很忙。从活动方针培训开始，到次年春季劳资谈判，即所谓“春斗”的方针制定、面向修订劳动条件交涉的职场讨论，等等，以董事为中心，工会成天都在开会，进行各种协商。

最辛苦的是职场委员，既要作为员工完成职责分内的工作，又要参与工会的诸多讨论，而且还担负着汇总自己所属单位意见的重要职责。

因为工会本来就是不受公司等级制度制约的民主组织，

因此，必须认真考虑每位成员的意见。工会成员可以毫无顾虑地自由发言。

实际上，在每次职场的工会会议上，即“职场会”上，大家都能畅所欲言，有人会激动地说出一些对自己职制的上司无法说出的要求。

意见和要求各不相同，正所谓十人十样，各自不同。将职场会上的议题进行汇总，就是职场委员的任务。

提出的意见各种各样，但也都是将各自的价值观、生活观和工作观坦诚地说出来，因此，并不会成为很艰难的讨论，也不会有彻夜长谈。

职场委员必须事先阅读工会分发的材料，整理并明确自己的观点。参加职场会的员工只需要把握要点，说出自己的意见就行。

职场委员最终将职场会所解决的会议内容总结为“职场同意书”，并将其交给工会。工会将所有职场会的“同意书”收齐后，汇总为“全体工会成员同意书”，形成谈判基础。

职场委员会为形成谈判基础而主动工作。通过参与这个过程，可以了解劳资的历史和关联性，同时，这些工作也能使人重新确认在丰田工作的意义。

换句话说，这是一个能深刻理解“丰田主义”并将自己全身心投入其中的过程。

最有效的“十人一组”的协商

我认为，如果所有员工都有职场委员的经历，“丰田主义”将更加坚如磐石，但从现实来说这是不可能的。

根据我的经验，不管是为了让大家都同意结论也好，还是为了让会议和协商更有成果也好，会议或协商以十人左右为一组，效果是最好的。

会议得以顺利进行，在某种程度上需要会议主持人具备一定的组织能力。学习主持会议的方法、进行实地培训时，也是以十人左右为宜。十人左右的规模，可以看到每个人的脸，并能够观察他们的表情所流露出的真实想法。也不需要多大的房间，不会出现听不清声音的问题。

当然，以上说到的以十人为单位的会议或协商的效果，是经过丰田工会的实践证明了的。

丰田的职场按各自负责的范围划分，大约十人为一个单位。职场委员通过这个最小单位，听取在职场工作的员工的意见，并就工会的方向性议题争取所有成员的理解和同意。

我担任执行委员时，大约有55,000名工会会员（包括管理层在内，丰田共有员工67,000名），职场委员有5,500名。现在（2018年），工会会员的数量已增加到约70,000名（全体员工为80,000人），因此，职场委员就变为约7,000人。

职场委员的任期为一年或两年，平均15年能成为职制的管理层，那么有职场委员经历的人数大约为员工总人数的1/3。

成为专职工会人员时，前辈们曾告诉我："工会是公司的教育机关。"对于从丰田成长起来，并将长期服务于丰田的人来说，参加种种职场讨论是非常有用的。

协商十人左右正合适

有这样的优点

❶ 因为能看到每个人的表情，所以能把握对方是不是在说真心话。

❷ 不需要很大的空间，能听清每个人的发言。

❸ 因为成员不太多，所以容易召集。

大家都说真心话的协商

职场会的协商，不管在什么时候，大家都说真心话，没必要在意上司的眼神而违心说些表面好听的话，用不着像在职制的会议上一样说“我不知道”。

工会的活动具有简单又明确的方向性，那就是通过改善劳动条件来提高大家的生活水平。

对每位工会成员来说，这个方向性是共通的，因此就没什么难事。也就是说，工会的所有活动都是“为了自己”。

而且，十个左右的人数可以毫无障碍地充分讨论，是培养面对面沟通能力的绝好机会。我们一直坚持十人左右为一个单位，也有这点考虑。

顺便说一下，在和各行业工会（由各行业联合组成的工会联合体，汽车制造业的行业工会是全日本汽车产业工会总联合会）的交流中得知，其他公司工会的最小单位多为40—50人，少的也有30人左右。

这个人数构成，或者看不到脸，或者听不清声音，每个人的存在感都很低。此外，负责会议室、联系和传达等职场委员的工作量也很繁重。

如果同一职场十人左右开会的话，在午休时间打声招呼就能迅速将大家集合起来。重要的是，人少的话，开会不费工夫，可以轻松聚齐，并在短时间内进行讨论。

在职场会上，我们不会轻易采用多数表决来决定事情。即使花费时间，也要得出“每个人都同意”的结论。

无论开多少次会，花费多长时间，依然无法让每个人都同意的情况也是有的。在这种情形下，职场委员就会求助于执行委员。即使是在职场会正在进行的过程中，也可以给执行委员打电话，“麻烦您现在来一下”，把他们请到会议现场。无须多虑，执行委员也会欣然前来。

为什么不以多数表决形成决定

在民主主义的组织里，决定事情的时候，常规做法是实行多数表决制。但是，丰田工会不认为民主主义就等同于多数表决制。

其原因是，尊重少数人的意见是民主主义的根本，也视其为最重要的态度。

民主主义的对立面是集体主义和封建主义。在集体主义和封建主义社会中，别说对个人意见的尊重了，掌权者甚至毫不关心个人的意见，一切都由掌权者和围绕着他的权力集团的意志来决定。

就公司而言，尤其是上市公司，很多都采用民主主义方式进行管理，但是担任董事长的时间一长，权力就会变得集中，容易变成集体主义性质。有些董事长头脑里根本不会装有员工个人的意见。

另外，由于工会是以提高每位工会成员生活水平为宗旨的组织，因此，重视个人意见是理所当然的事情。

所谓重视个人意见，就是对少数人的意见绝不抛弃并予以尊重，给予认真对待。

认真对待是指什么呢？

具体来说，就是对意见的内容进行深入分析并讨论。换句话说，就是按照五个“为什么”法则来深挖原因，并在此基础上达成一致意见。我认为，这才是民主主义最基本的管理方式。

而多数表决制使这一重要过程半途而废。结果就是将多数人的意见强加给少数人。

当然，工会的运筹管理也并非在无限长的时间内进行。专职以外的工会成员皆为有着本职工作的公司员工，因此，有时必须在限定的时间内决定应该决定的事。

在这种情况下，以多数人的意见作为整体意见进行决议。“尊重少数人的意见”的表示依然是很重要的。

丰田工会的民主主义决策方式

以上提到的是工会的一般情况，丰田在进行决议时，基本上不会脱离这个轨道。

丰田工会一直尽可能遵照民主主义的理念开展工作，这个基本立场今后应该也不会改变。

具体来说，是如何决定事情的呢？接下来为大家介绍一下丰田工会一直以来实施的决定方法。

决定活动具体方针的会议大致分为两个：

一个是已经介绍过的“职场会”。这是一个反映70,000名工会成员想法的会议。如上所述，这个协商的场合，以十人为一组来进行。

另一个是执行部门的最高决议机构“执行委员会”，执行委员有60名。这60名委员在执行委员会这个争论的场合中，对工会工作做最终决议。

无论是职场会还是执行委员会，都不采用多数表决制。如果有人强烈反对多数人的意见，那就讨论到所有人都同意为止。这和在前文提到的是一样的。

一名职场委员负责召集职场会及组织讨论。需要说明的是，最高决议机构的执行委员会与其他工会稍有不同，担任议长这一职务的不是委员长，也不是书记长，而是规划宣传局长。

在欧美地区一般是书记长，而在日本其他工会，由委员长担任议长职位较为常见。执行委员会讨论和决议的事大大小小不计其数，因此，议长的职务是非常重要的。

然而，在丰田工会，议长这一重要职务一直都由规划宣传局长来担任。

规划宣传局是一个管理范围很广的部门，包括以活动方针为代表的各种方针草案的制定，与公司之间的谈判窗口，整个执行部的管理以及大会、评议会的管理，与上级组织等部门的对外联络，规程、规章制度的管理，宣传物的规划、编辑以及发行，等等。

由规划宣传局长担任执行委员会议长的理由，虽然也可以说是“因为属于执行部管理”，但是不单单停留在管理这个狭窄的领域，而是掌控着工会最重要的商议场所。

议长当然有他的权力。有关商议的进展，即使是三大角色（委员长、副委员长、书记长）也不能置喙。

议长的权限大到连三大角色都无法插嘴，就是为了避免自上而下地决定事情。这正是为了贯彻民主主义管理方式而一直坚持下来的传统。

70,000 名员工意见的集中方法

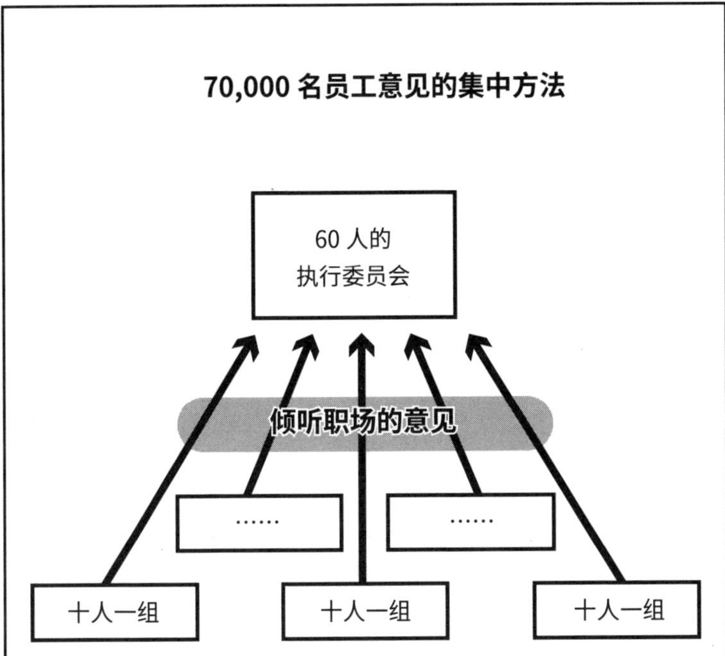

基本原则

- **不采取简单的多数表决制。**
- **如果有反对意见，讨论到所有人都同意为止。**
- **为了消除自上而下的独断专行，最高决议机构“执行委员会”的议长不是由最高层的三大角色担任，而是由规划宣传局长来担任。**

赋予高层也无法干涉的权限的原因

实际上，由于我曾担任了大约两年的规划宣传局长，得以亲身体验了将最重要的议事权交给位于三大角色之下的局长的缘由。

虽说是民主主义管理，但是人一旦拥有权力，就难免会萌生运用手中权力来推进各项事务的想法，因为这样既快捷又简单。

如果你认为这样的权力行为是“没办法的事”而听之任之，权力就会越来越集中，继而慢慢脱离民主主义的管理了。

有一次，在讨论过程中发生了一件事，三大角色中的某一位突然无视议长，大声斥责道：“好，就这样决定了！”这样的局面今后一定还会发生。

我想，每一位规划宣传局长都充分意识到这一点，并做好了绝不被来自强权的声音影响的心理准备。至少在我被任命为规划宣传局长时，我是有这样的觉悟的。我也是在充分了解了这个职务的重要性的基础上才接受了这一任命的。

据我所知，在丰田工会的三大角色中，没有人真正试图通过行使权力来决定事情。

虽然这三大角色中的某一位真说了“就这么决定吧”，但当议长通盘看了之后，判断“有不同意的人”，因此议长只能说：“不，还不能决定。”于是，会议还得继续进行。

不管是三人中的哪一位，没有谁会抱怨议长的决定。历年担任这三个职位的所有人，都能理解和尊重议长的行为。

作为议长，要能把握60名委员的态度，要对即将形成的结论能否达成一致做出准确的判断。在60多人的会场里，足以观察到每个人的表情。

对看起来并不赞同的人，议长会点名问：“××，你怎么看？”被问到的人一般都会说：“我不太同意这个结论。”议长一般会督促说：“那么，请具体说明一下你反对的理由。”

他说完意见后，还会有人站出来说：“其实我也是这么认为的。”这都在议长的预料之中。议长一般都会果断宣布：“好的，那我们继续讨论。”于是讨论继续进行。

在这个过程中，议长一般都不会在意这三大角色的意见。在议长的脑子里，有的只是“全员同意”，即使超过了预定时间一个小时或两个小时，也要继续讨论下去。

最后，直到所有参会人员都明确表示“无异议”，“没问题”，并以此作为“全员通过”的证明，会议才能结束。

无关职务，任何时候都是开放思维

之所以重视“每个人都同意”，是因为立场各自不同的委员回到职场进行解释时，如果自己都没有真正理解并同意，就不能做出让职场所有人都同意的解释。

职场里有些员工对工会的工作持旁观者的态度，也有些员工会高声发表一些过激言论。面对这样的人，如果本人都一知半解，就无法为他们解释清楚。

如果解释不清楚，工会的方针和思想就无法渗透到工会所有成员的心中，工会工作就会出现破绽，从而阻碍整个工作的开展。

而且，解释不清楚，不管是作为工会委员，还是作为丰田员工，都会深感不安。也就是说，你还没有成为掌握了“丰田主义”的能独当一面的丰田员工。

避免自上而下地做决策，重视让每位员工都同意的背后，存在着丰田工会代代相传的以上这些想法。

为了不偏离这些想法，在重要的议事场合中，三大角色也和参与讨论的其他人一样没有级别之分，处于平等的地位。拥有权力的只有议长，其他人都可以对等地自由发言。

这三个角色对此没有不满。在议事场合炫耀自己地位的人，从一开始就不可能担任这三个角色。

丰田工会历届的三大角色，不仅在开会的时候，在平时也与工会董事和工会成员保持着平等的关系。我从来没有见过这三大角色中有傲气十足的人。

委员长的对应人是社长，他是工会中地位最高者。在其他工会存在着无法与委员长平等对话的现象，但丰田工会的历届委员长与此完全相反，总是持开放思维与所有人接触。根据我的经验，员工平时都用昵称称呼他们，而不用“某某委员长”这样严肃的称呼方式。

工会也有等级制度，但不像公司的等级制度那样有严格的上下级关系，至少在丰田工会，大家都是非常平等的。

没有发自内心的认可，人是不会行动的

在平等的关系中，如果不断积累平等讨论的经验，人自然而然会建立起独立意识，成为一个在任何时候都可以坚定表达自己观点的人。

我相信，掌握了“丰田主义”的丰田人就是这样的。

在我成为工会专职人员时，正如我的前辈告诉我的那样，“工会是公司的教育机构”。回想起来，我深切感受到，以职场会或执行委员会为代表的议事场合，正是丰田员工受教育的地方。

如今的公司中，以“每个人都认可”为目标，进行彻底讨论的，究竟有多少呢？

忙碌的商务人士往往有急于下结论的习惯，“彻底讨论”的场面虽然不能说完全没有，但难得一见几乎是可以肯

定的。

别说彻底讨论了，有不少公司，甚至把有关议题付诸邮件，连面对面讨论的机会都没有。

在这种环境中工作的商务人士，成为等待指令的人员也就毫不奇怪了。上司越来越倾向于通过指示和命令来分配工作，并不在意部下是否认可。这种模式对彼此来说都没有什么难度。

但是，其中明显存在着一种非常危险的倾向。

如果公司的各个部门都由等待指示的人员组成，不仅没有提高业绩的希望，甚至连维持当前的状况都很困难。

如果丰田也是这样的组织模式，绝不可能有今天的发展。从这个意义上说，丰田工会作为承担着公司教育职能的存在，确实起到了很大的作用。

这并不是说，如果没有工会，员工的独立性和沟通能力就无法得到培养。工会的存在也没有要否定上司的指示的意思。

我想建议的一点是，作为部下，不要盲目地听从上司的指示，哪怕有一丁点儿的疑虑，无须多虑，堂堂正正地向上司说出自己的想法。

另一方面，作为上司，重要的是要不厌其烦地回答或确认部下的疑问。

如果总是以“没时间”或“这些小事自己思考就好”等诸如此类的借口来拒绝交流的话，那么公司将不会变得更强大，也不可能提高业绩。

不消说丰田之所以可以成为世界上最好的汽车公司之一，每年都创造以兆为单位的利润，其背景正是因为有着上司和部下可以自由交流的风气。

我认为，在丰田，工会工作从侧面培养了上司和部下之间这种自由交流的关系以及每个员工的个人能力。

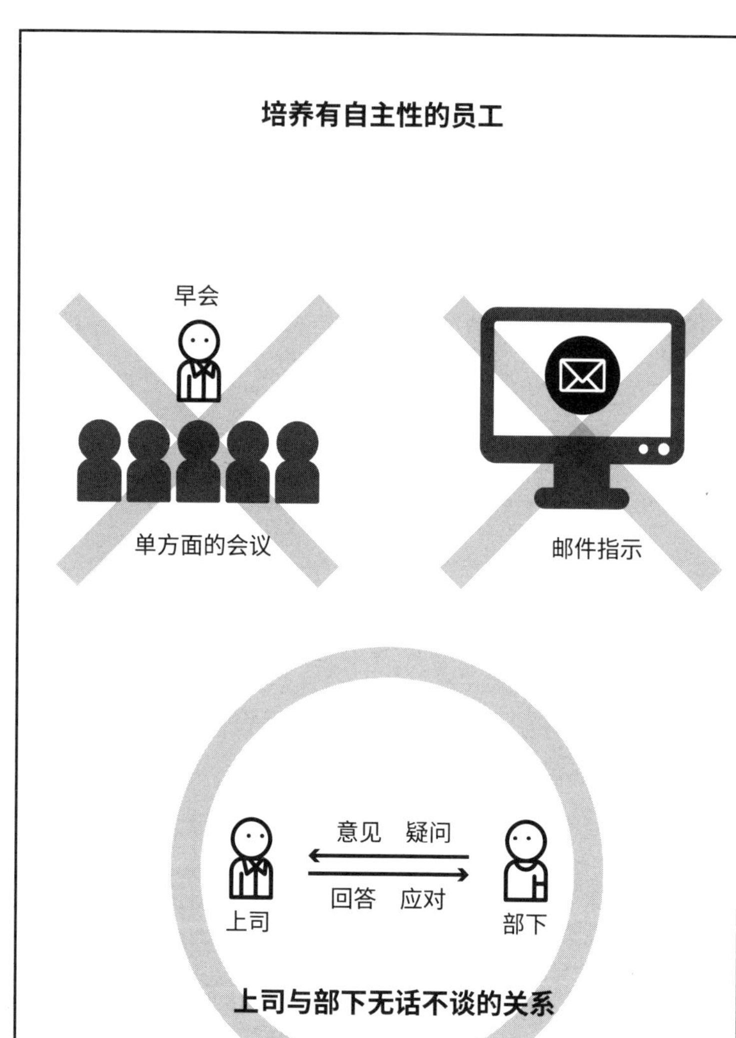
培养有自主性的员工
早会
单方面的会议
邮件指示
意见　疑问
回答　应对
上司
部下
上司与部下无话不谈的关系

写给在没有工会的公司工作的读者

本书的读者当中，有在有工会的公司工作的，也有在没有工会的公司工作的。我首先要对后一类读者的阅读表示感谢。

在此多加几句。

即使公司没有工会，也会有员工之间敞开心扉交流的地方吧，也会举办没有上司参加的部门会议吧，或是同事一起边喝边聊的机会，或是组成没有上司参加的项目团队，大家齐心协力挑战新工作的机会。

在这些情况下进行的敞开心扉的讨论，与在丰田工会上进行的讨论并没有本质的区别。

但是，如果这样的讨论不知不觉间成了发泄对公司和上司不满的机会，那就与我们一直在进行、将来也将坚持的讨论完全不同。

丰田工会不希望与公司成为对立关系，而是始终基于劳资双方的相互信任，力求在提升公司业绩的同时，把每位工会成员（即员工）的人生变得更好。

若从讨论的本质上来思考，无论是否有工会，都可以与读者有共鸣。在公司内部各种协商的场合，如果能给予每个人尊重，并始终保持积极向上的愿望，就与丰田的协商精神是一致的。

如果你能从这个角度读到最后一页，我将不胜欣喜。

第二章小结

沟通创造新的“改善”

没有“相互理解”和“相互信任”就无法努力

“平等”先从形式做起

协商十人一组最为有效

不以多数表决简单地做决定

即使花费时间，也要讨论到所有员工都认可为止

若能在平等的关系中进行平等的讨论，就会成为自立的员工

第三章

优秀丰田人的“成才”秘诀

挑战自我极限的丰田员工

工作中遇到困难在所难免，所以毫无难度、任谁都可以完成的、缺少挑战的工作是没有什么意义的。任何工作都会出现问题，有时还会遇到预料之外的麻烦而陷入进退两难的困境。

由于掌握了“改善”哲学，“拧干毛巾”的丰田员工在遇到任何问题时都可以做到处变不惊、坦然解决，面对阻碍事情进展的大麻烦时也可以毫不胆怯。

虽说如此，但很多时候在感觉不到问题的情况下，要抓住潜在问题，挑战本质上的“改善”，实属不易。

尽管困难，但对于已经掌握了“改善”哲学的丰田员工来说，则不在话下。他们顽强不屈，反复自问“为什么”，直到找出根本原因，从而解决问题。

这样的写法，读来难免使人有言过其实的感觉，但是丰田员工确实就是这样冷静地对待问题和麻烦的。

当然并非人人如此，遇到麻烦就心情沮丧的员工，也是存在的，尽管比例很低。也还是有从一开始就不愿发现问题的员工。

遇到困难就心情沮丧的员工，与无论如何都要克服困难的员工之间有什么区别呢？

刚入职时，应该没有明显的区别，所有人都是招聘时经过层层选拔进来的。

最初，他们应该都是具有潜在挑战精神的年轻人。

新员工培训的机会，大家基本上都一样。即使被分配的部门不同，也没有太大的区别。事实上，正是在所属部门正式开始工作之后，大家在各个方面显现出差异来，而最大的差异就是对工作所持有的观念不同。

当遇到一些麻烦的问题或棘手的障碍时，有些人会说“这个我无能为力”而早早放弃，并向自己的前辈或上司寻求帮助。

而另一些人则不依赖他人，立足于自己的力量去解决问题，勇敢地面对挑战。

前者是一开始就给自己设限的人，后者则是不轻易给自己设限并顽强挑战的人。

这些人不给自己设限，是因为他们相信自己的可能性，坚信只要努力就可以做到。他们不愿妥协，杜绝“差不多就行了”的想法。当自身能力达到一定水平时，他们就会将目标提升至更高的水平，即永无止境地挑战自我。

丰田人在“职场”+“工会”中成长

毋庸置疑，在丰田生产方式下培育出来的员工，是不给自己设限、不断挑战自我的人。

他们没有“依我的能力就这样了”的想法，总是向前看，放宽视野，挖掘自己的潜力，总是充满干劲。

像这样拥有强烈自我开拓意识的人，遇到任何事情都要独自思考并亲自尝试。

他们不会机械地继承前人的工作方法，而是努力寻求自己认可的方法开展工作。

如果一种做法行不通就换个路子，不断尝试和改错，直到找出最好的做法为止。

这正是“改善”的过程，即“丰田主义”的实践。奉行这样的“改善”，将“丰田主义”作为人生哲学并投入日常工作实践，就会造就意志坚强的丰田人。

反之，没有质疑精神、安于现状、闲散度日的人，则无法作为丰田员工获得长足发展。

曾担任日本经济团体联合会会长（2002—2006年）和丰田公司第八任总经理（1995—1999年）的奥田硕曾如口头禅一般不断告诫员工，“无法改变是最糟糕的”，他自己作为领头羊也推行了一系列的改革。

那么，每天被要求把“改变”当作义务的员工，要经历怎样的过程才能成为独当一面的丰田人呢？

培训过程分为两个阶段：

其中之一当然是自己的职场，这是每天工作的地方。

另一个阶段是工会。工会的工作是协助公司培养优秀的丰田员工。这一点与其他公司截然不同。

经过这两个培训阶段的员工，将作为意志坚强的丰田人，活跃在生产职场、汽车市场或世界各地的分公司。

下一节简单介绍一下每个阶段具体的培训项目。

分两个阶段进行培训

第一阶段　职场

- “改善”哲学
- 五个“为什么”
- 创意提案制度等

厉害的丰田人诞生了！

第二阶段　工会

- 十人一组进行协商
- 全员认可的原则
- 以平等关系展开平等讨论等

重视自主培养计划

首先是职场的人才培养。

在所属职场由前辈职员传授的方法被称为“工作现场”（On the Job Training，简称 OJT）。这种方法与一般的方法没有太大区别。

我认为丰田的特点是，每个阶段都以 10—15 名人员为一组进行集中培训。在培训中，由履历高的前辈职员担任主讲人。

如上一章所述，会议和协商以 10—15 名人员为一组会达到最佳效果。在培训环节，我切实感受到这也是最有效果的人数规模。

包括对新员工的集体培训在内，丰田特别强调“由本公司培养自己的员工”。

除了一些专门培训需要邀请外部讲师做讲座或将员工送到私人教育机构之外，丰田员工基本上都是在自主培养计划中成长的。

在自主培养计划中，刚进公司后为期两个月的现场培训令我印象深刻。知道进入丰田后，“一定得先亲身体验丰田生产方式”，但完全没想到会被直接派到汽车生产线上，需要学习的东西非常多。

对这种现场培训留有印象的不仅是我，包括OB在内的许多丰田员工都深有同感。

尤其是，对于像我这种被分配到管理部门或行政部门的人来说，能接触到丰田生产方式是意义非凡的。这样既可以体验生产现场，还可以体验销售现场，同时也可以亲身体验汽车市场、了解实际使用丰田汽车的客户的感受，这些都令我受益匪浅。

指导我们的前辈员工令人惊叹

最初的职场集体培训是由前辈负责，主要针对进公司5—6年的年轻员工。

在这项培训中，最费时间的是学习丰田生产方式。这是在任何部门工作都必须掌握的解决问题的方法。问“五次以上‘为什么’”就是在这时集中学习的。

例如，当被要求“现在找出自己的工作当中或周围环境中需要改善的地方”时，在回答了改善的具体目标后，前辈就会接二连三地追问“为什么”。

当回答得不够明确完整时，就会被指出“这根本不是真正的原因”，并且会把“继续深入寻找真正原因”作为任务布置给你。

我在法务部时，遇到过类似情况，其中有这样一段对话：

我："在诉讼的准备工作进程中，我无法顺畅地向律师进行说明。"

前辈："为什么会有无法顺畅说明的感觉呢？"

我："我觉得是事先准备不足。"

前辈："为什么不足？"

我："那周的工作非常集中，学习时间寥寥无几。"

前辈："大约一个月前，你就应该知道与律师面谈的事了。你应该提前调整好自己的工作日程和时间，没时间学习，就是因为你没有确保足够的时间提前去了解诉讼内容和要向律师说明的事项。"

我："是的，我也这样想。对不起。"

前辈："那为什么没有提前进行调整呢……"

我就是这样被连环追问"为什么"的。

当时，我还是刚入职的新员工，对于这位前辈对我的指导，我惊讶不已，"这位前辈竟然能抓住我工作的细节，丰田公司的员工也太厉害了吧"。

顺便说一句，我记得，当时指导我的前辈，并不是法务部的前辈，而是采购部的主管。其他部门的前辈竟然能这么了解我所在部门的工作，我对此深感惊讶。

教的一方也须努力学习

不光是在被追问的时候让我感到丰田员工的厉害之处，在成为工会专职人员后，与各个职场的员工接触、对话的过程中，我更是深感丰田员工的优秀。

当然，丰田员工的优秀并不是从一开始就具备的。我认为，一是得益于前辈员工的教导，二是得益于下文要介绍的工会工作的锻炼。

无论在任何公司，前辈教后辈工作都是理所当然的，这种教法决定了年轻员工的成长，所以教的一方也必须加强学习。

在这方面，教授后辈的丰田员工都在努力保持学习，绝不会单纯传授自身的经验。

就社会普遍的情况而言，前辈多半仅仅局限于将自己过往的经验强加给后辈。

在过去的几年中，教育界的教授方式发生了很大变化，自上而下强加的教授方式受到抨击，在某些情况下，还会因滥用权力而被起诉。此外，从教学效果来看，强加式的教授方法也正在衰退。

工作单位的OJT也同样如此，仅凭经验自高自大地进行教授的方式已不再适用于年轻人。承担教授任务的丰田员工，也很清楚这种时代趋势。

热衷于人才培养的丰田文化

“人才培养”一词经常在丰田内部使用，丰田历来也热衷于人才培养，并营造了热心指导后辈的氛围。可以说，这是丰田公司的一种文化。

而且，人才培养并不局限于职场，工会也一直保持这种氛围和文化，并进行着人才培养的实践。

工会的人才培养，将在之后详细介绍。我成为工会专职人员后，因为意识到要培养年轻员工成为丰田的核心力量，曾积极深入工作现场与年轻人进行交流。

丰田公司人才培养的特点，不仅在于之前谈到的解决手法、“改善”理念或工作方法的教授方式，还有如何面对失败以及面对前辈和上司的应对方式。

第一章中介绍的生产线停转就是一个典型例子。正如在第一章中所说的，因为个人原因导致生产线停下来，不消说是一个严重的失误，但是班长并不会责怪导致生产线停转的人。

正如生产线停转的事例，尽管员工有失误，但是不管在什么时候，也没见到发火被责骂的场景。我没有被责骂过，也没有听说有谁被责骂过。

在后辈或部下有失误的情况下，前辈或上司共同的指导原则是“一起思考”。

因为每个人都很重视自我思考，所以大家会营造一个便于当事人自我思考的环境，或给出解决问题的线索等，通过这些方式来进行共同思考。

之前我和前辈之间的对话就是一种类型的共同思考。前辈的话语虽然不乏严厉，但显然也是很认真地在和我一起思考。即便是抛出“你自己好好想一想”这种作业，作为教授方，依然会努力进行思考。

回首这样的丰田工作场景，我再次感到丰田的人才培养是何等的细致认真。

开始改善的循环

在五次“为什么”指导的背后

- **上司（前辈）也一起思考**
- **提供解决部下（后辈）问题的线索**
- **创造解决问题的环境**

因为不是一个人，
所以可以共同处理难题！

毫无怨言的午休谈话

另一个培养阶段是工会的工作。我认为，在工会工作中培养优秀的员工，是丰田有别于其他公司的特征。

如上一章提到的，年轻员工得以在工会经受锻炼的最佳途径，就是担任职场委员。但也不是说不担任职场委员就不能培养出优秀员工。

粗略算来，大概每三人中有一人能够担任职场委员。但如果说其余2/3的员工都在人才培养计划之外，丰田也是不可能成为位于世界前列的汽车公司的。

职场委员召集一同工作的十人左右的工会成员，共同举行“职场会”，主要工作是听取职场同行的意见、解释工会政策并获得认可。然而，“获得认可”并不是那么简单的事。

由于协商在工作以外的时间进行，当然是没有报酬的，因此，职场委员会尽量在短时间内解决问题。但只要涉及协商，就难免会有所拖延。

在任何协商中，都少不了解释或提问，迟迟无法令全员都认可的话，就只能增加协商的次数。话虽如此，但也无法在工作结束后反复开会，所以一般都在午休时间进行。因为午休时间只有45分钟，大家花15分钟左右吃饭，剩下用来开会讨论的时间也只有大约30分钟。

这样的安排虽然有点紧张，但无论在哪儿，都没有听到抱怨的声音。如果在午休时间开职场会，工会就会出费用给大家提供便当，这样一来，对工会成员来说也算有点吸引力。

顺便一提，原本一小时的午休时间减为45分钟，是为了废除夜班制实行两班倒工作制，从而缩短工作时长的一项举措。当然，这个变更是经过劳资双方的协商达成的，没有谁会心存不满。

通过多次短时间的职场会，工会委员必须达成“获得全员的认可”这个目标。

这种以“获得认可”为目标的协商，正是培养人才的宝贵机会。

通过反复协商，能让大家有机会经历平时很少能经历的

“倾听和表达”，并逐渐明白其重要性。

此外，职场委员体会到，职场会这种方式居然成为培养人才的舞台，他们会一边向工会成员展示自己的热情和努力，一边努力尽到自己的职责。

培养表达及倾听的能力，拓宽自身的可能性

我在进入公司的第二年，成了职场委员。一位年长我许多的工会前辈告诉我："刚进公司的年轻人，这么努力做我们的职场委员，我哪能不参加活动呢？"

对这句让我满心喜悦的话，我至今难忘。这也是我对自己作为职场委员而努力工作并因此深感自豪的一句话。

我根本没有想到，作为进公司才第二个年头的新手，会成为前辈员工的榜样。后来，当我干劲十足地担任职场委员时，我切实感受到，"大家都很积极参会，职场会的氛围也变好了"。

良好的气氛必然会产生热烈的讨论，每个人说的都是肺腑之言，对别人的发言也能正面理解，并能因此将自己的想

法总结到位。

也就是说，并不是作为一名教育者的我在履行人才培养的职责，而是职场会的氛围和协商的过程，让员工自发成为“认真发言、认真倾听、认真思考”的人。

面对面协商和倾听的能力对人的成长不可或缺。如果忽视表达和倾听的能力，作为一个人，或者作为职场中人，自我发展道路将会封闭，进而无法成为可以独当一面的人。

从这个层面来讲，职场也是培养人才的绝佳平台。

众所周知，如今电子邮件和社交网站（Social Networking Service，简称SNS）成为人们交流的主要方式，面对面表达和倾听的能力正在急速下降。

这是个由来已久的严重问题，因此失去的业务能力应该是很明显的。

纯粹依赖网络的人将无法跟上司或同事顺利沟通，也没有倾听对方心声的能力。他们不能在会议上发言，也无法与客户协商……在这种状况下，难免让人担心如何推进工作。

以职场委员会为代表的面对面的协商，正是提高交流能力的绝好机会。

因为所有的话题都与日常生活或工作息息相关，十人左右的规模能做到彼此真诚交谈，并直接听取他人的意见。

不说好听的场面话，而是敞开心扉地真诚交流，会提升人际沟通的能力。随着经验的积累，无论是工作还是生活，都会让人有所成长。

听说能力能培养人

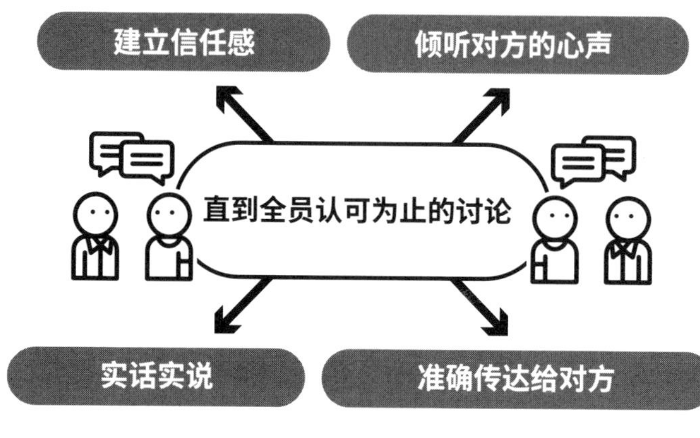

- 与上司或部下的交流能力
- 与顾客的沟通能力
- 演讲能力
- 在会议上发言的能力等都得以提高

努力做到让人能轻松搭话很重要

为了获得“全员的理解”，要做的事情还有许多，例如，听取有关日常工作环境和劳动条件的真实意见，并将其汇报给理事或职场委员长等上级领导。

工会将认真对待这些汇报，并在工会内部进行讨论，寻求解决的办法。

正因如此，吸纳员工日常的不满和疑问，就成为职场委员的重要工作内容之一。

一般情况下，大家会认为这些工作中的日常问题与直属上司讨论处理即可，但事实上并不那么容易。

“这么说会被批的吧。”“估计只会被敷衍，没人会当回事吧。”如果常有如此的消极情绪，那么因顾虑重重而最终放弃也就在所难免了。在这种情况下，如果有职场委员出现会怎样呢？“对了，可以找某某职场委员长商量一下。”轻松且没有顾虑地协商正是工会的优势所在，于是，很容易找到解决问题的切入点，也就在情理之中了。

就像我进公司两年便担任了职场委员一样，一些工作年限不长的年轻员工往往都被指定为职场委员。

这样一来，就需要经常与比自己年长的工会员工对接，于是，最常见的就是他们的有一搭无一搭的既像问题又不像问题的问题，比如：“这事情，工会就不能解决一下吗？”与其说是商量，倒不如说是抱怨。

回应这样的抱怨便会提高沟通能力。

同龄的同事也好，前辈也罢，都得让他们毫无顾虑地来搭话。事实上职场委员也好，职场委员长（600—700名工会成员的代表，职务相当于厂长）也好，理事也好，都非常善于轻松地进行交谈。

轻松地交谈是丰田工会的基本方针。正如我在之前提到的，在成为工会专职人员后，我会经常去生产现场积极主动地跟现场员工沟通交流。

正因为有平常的这些努力，大家才会建立起对职场委员和工会领导的信任，而正因为有这份信任，才使大家能够轻松地交谈，表达自己的诉求。

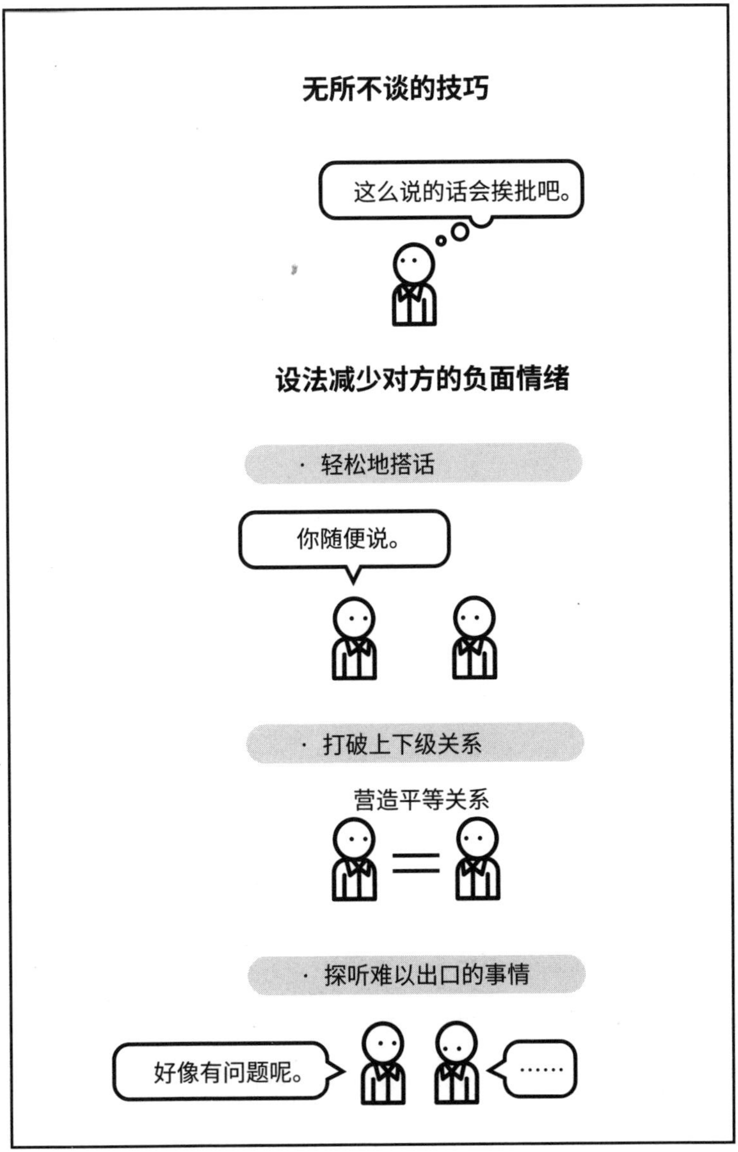

无所不谈的技巧

这么说的话会挨批吧。

设法减少对方的负面情绪

· 轻松地搭话

你随便说。

· 打破上下级关系

营造平等关系

· 探听难以出口的事情

好像有问题呢。

……

公司高度赞扬的“工会人才培养”

非工会专员的职场委员、理事、职场委员长为工会成员提供咨询，听取他们的诉求都是作为志愿行为进行的。也就是说是无偿劳动。要说报酬，职场委员开会时提供的午餐盒饭勉强算是吧。

然而，对于无偿劳动这一点，大家毫无怨言。所有问题都会通过彻底地讨论，进而获得全员认可，也就是坚持“全员一致”的原则。因此，有时可能会讨论到深夜，有时会连着几天占用短暂的午休时间。

而理事和职场委员长则更辛苦。

丰田工会的最高决议机构是每年一次的定期大会，继定期大会之后，决议机构理事会包括支部理事会每年大约举行20次。

理事会必须由理事和职场委员长出席，只有该理事会由丰田工会予以劳务补偿，在工作时间内举行。

理事会之下的决议机构便是职场委员会，在这之下的基层决议机构是职场会。

在召开理事会之前，要求职场委员会和职场会分别组织讨论，并要求各自统一意见。如前所述，职场会占用30分钟左右的午休时间，但要在每年20次的理事会之前形成统一意见，一年中需要进行多次讨论，估计最少也得40—50次吧。

这意味着各个职场会几乎是以每周一次的频率在进行。由于职场委员约有6,000人，估算下来，整个公司的职场会得有30万次！

数目庞大的职场会，大家敞开心扉地进行着讨论，如果将其换算为劳务费，会是多少呢？正因为这是不支付报酬的，所以实际上没有给公司造成什么负担。

当然，公司也不会抱着漠不关心的态度，以“你看着办吧”这样的说辞来搪塞过去。

公司高度关心职场委员、理事和职场委员长的工作。并且，在进行人事评估时，也会相应地考虑到作为工会成员做出的贡献。

职场委员和理事大都认为承担这部分工作会有助于自己

的学习提高。在此之上，如果他们因此感受到公司对自己的肯定，也会激发他们作为丰田员工的工作积极性。

在此想要强调的是，“公司评价”与“员工积极性的提高”之间的这种良性循环，是基于多年以来形成的“劳资双方的相互信任”。

职场委员长是现场作业员工的顾问

在丰田工会，我常常不由得感叹："这个人真优秀啊！"同时，公司也给予我赞叹的这个人以很高评价的，往往是职场委员长。

职场委员长并非工会专职人员，在不参加工会工作时，他作为一名员工正常工作。就如前文所说，他们的职务大多是在现场管理100人左右的厂长级别。

因为他们工龄长，也有着丰富的工会工作经验，深受工会组织上下的信赖。同时，作为现场的头目，也同样深受员工信赖。

实际上，担任职场委员长，很有可能升到"科长"的职位。虽说如此，但大家也并非为了升职而担任职场委员长。若以升职为目标，在工会中的信任度不会升高，只会下降。

职场委员长要了解工会的每位成员，并为工会成员努力工作，他也因此会获得工会和公司的信任。

我在丰田工会工作期间，一些职场委员长的出色表现曾令我有所触动，其中印象较为深刻的是，他们与职场每位员工积极交谈的场景。

他们认真倾听，仔细询问，忘我地热烈讨论，不逃避问题，为妥善解决问题而与员工一起思考对策。

如此这般，领导层能认真倾听职场每位员工的困惑和不满，并共同思考，提出解决方案，这是丰田工会的传统。这一传统造就了丰田公司的文化。

即使本人没意识到这一点，职场委员长也扮演着带头继承这种传统或文化的角色。

畅所欲言的劳资双方座谈会

在劳资双方座谈会上，大家可以毫无顾忌地讨论当时的经营问题。

经营方包括社长在内的所有干事成员，而在工会方则集合了包括委员长在内的干部。他们相互直面对方，并坦诚地交换各自的想法。

该座谈会不仅可以讨论经营问题，而且还能通过讨论确认和加强劳资双方之间的信任。

之前，该座谈会每年举行三次，但从2018年开始，座谈会改为每年举行一次，作为补充手段，为副社长等各部门负责人及执行部门、职场委员长、理事提供直接交流的机会。

关于座谈会的议题，原则上必须在会议中确定方向，因此常常事先会进行适度的调整。有时候，工会为了给公司方面施加一些影响，会不按预定内容发言（这是委员长，副委员长和书记长的特权）。

顺便说说我在担任书记长后第一次参加劳资双方座谈会时的情景吧。虽然略有自夸的嫌疑，但为了让大家更好地了解劳资座谈会，我还是想插入一段情节：

在担任书记长之前，我曾担任过规划局局长（现为规划宣传局局长）。那时，我有意识地去工厂实地考察，并尽力去了解现场潜在的问题。

有一天，在工厂转的时候，我想上洗手间。这也不是我第一次去工厂洗手间了，但那次不知为何，我被卫生间的“脏、臭”惊呆了。

简直跟公园里的公共厕所一样脏，脏到爱干净的人绝对无法忍受的程度。我想：“这么脏的卫生间，女性肯定不会上的。”当时的职场大多数都以男性为主，没有女性专用卫生间，只能男女共用。

虽说几乎全是男性的职场，但没有禁止女性入内，如果有什么事的话，女性也可能要用卫生间。“又不会安排女性在现场工作，所以无所谓啦。”听到这样的搪塞，我就更为这种落后的观念感到奇怪了。

先把性别歧视问题放在一边，考虑到“洗手间的状况作为工作环境的一部分，实在太糟糕”这一点，在那之后，我开始对卫生间的状况进行调查。

调查结果显示，整个工厂约有500个卫生间。虽说不是全部，但我也亲自前往检查了很多卫生间。我无法确认到的，则让职场委员去确认。

调查结束后，我的结论是："虽然会花费一大笔预算，但是基本所有的卫生间都需要整修，这是一个亟待解决的问题。"

座谈会当即决定翻修工厂所有卫生间

在我思索应该如何向公司提议“翻修所有卫生间”能尽快得到解决的时候，正值劳资双方座谈会即将举行。包括社长和主管副社长在内的所有干部都会出席，毫无疑问，会上的议题将很快得出结论。

在进行卫生间调查时，我担任规划局局长一职，但参加当时那次座谈会时，我已经成为书记长。这也是一个很凑巧的好机会。

这是我成为书记长以来的第一次劳资双方座谈会。翻修厕所虽然没有进入预定议题，但我还是暗下决心，要将预定议题外的这个问题，直接在会上提出来。

出席劳资双方座谈会时，我一边暗暗感叹自己当了书记长，经营方的对接方式都变了，一边找准时机做了以下发言：

“大家有没有上过工厂的卫生间？前段时间，我偶尔上了一下工厂的卫生间，真的非常脏，而且味道很难闻。

“所以我就检查了整个工厂的所有卫生间，结果，不管是哪个卫生间，都是又脏又臭，让人不得不止步。

“虽然卫生间并不具备高生产率，但是工厂卫生间环境已经糟糕到让人犹豫止步的状态，让人不得不认为，这不是一家重视员工的公司。虽然女性很少用到它，但是任何设施中都没有女性卫生间也是个问题。”

经营方的参会人员猝不及防，顿时露出惊讶的表情，负责会议管理的人事经理也脸色铁青。

然后，主管生产部门的副社长发言了：

“听了刚才书记长的发言，我心里很难受。你讲得很好。正如书记长所说，重视员工的公司不能对卫生间环境问题置之不理。我们尽快一起来思考对策吧。”

劳资双方都没有反对。出席会议的劳资双方所有干部都对副社长的讲话表示理解和赞同。

在劳资双方座谈会上，全员通过并决定的事情都会立即执行。

副社长马上与设施部进行协商，并于当年拨出了三亿日元的预算。

此后三年左右的时间里，工厂所有的卫生间都变得很干净。因为这件事，我一度被劳资双方称为“卫生间书记长”。当然，我并不介意。

彻查职场环境的犄角旮旯

卫生间是生活中必不可少的设施。在很多人工作的公司中，卫生间作为工作环境的一部分，必须对其进行维护，这是毋庸置疑的。

并且，卫生间并不是“有就行了，怎么样都无所谓”。

在经济高速增长期，大家都痴迷于销售额的增长，不难想象，大家会忽视工作环境。

我进入公司后，在工厂现场培训时，毫无抗拒地使用了工厂的卫生间。我是1975年进入公司的，由于当时还处于经济高速增长期的末期，可能还顾不上考虑工作环境的重要性，所以毫无违和地接受了糟糕的卫生间。

客户公司和门店却并非如此。服务业和零售业的卫生间都很干净，即便在经济高速增长的时代也是如此。

我关注卫生间问题是有契机的。在日本国铁民营化成为日本铁路公司（Japan Railways，简称JR）时，车站卫生间一下子变得很干净，从而在街头巷尾引发了热议。我开始意识到："现在已经不是忍受肮脏的卫生间的时代了，工厂的卫生间简直是太糟糕了。"

恐怕工厂的员工也感觉到了这种变化，他们也在议论："我们工厂的卫生间也太脏了吧。"

但是，即便他们与同事讨论了这个问题，也没觉得它已经紧迫到了需要向公司提要求的地步。

另外，公司的经营层和管理层以及工会干部一般不使用工厂卫生间，因此，他们并没有机会注意到卫生间恶劣的环境。总公司办公大楼和工厂办公室的卫生间每天都要打扫，总是很干净，所以他们根本就想不到工厂卫生间的状况。

尽管人们对生产线的生产率和改善抱有浓厚的兴趣，但他们可能无法意识到工厂工作环境对生产率的影响。作为世界上最好的汽车公司之一，这有点可悲。

当时作为规划局局长的我之所以发起卫生间的"改善"行动，是因为，我认为环境问题不仅与生产线相关，也影响到大家的工作热情和生产效率。因此我想了解职场各个角落的环境现状到底如何。

有人认为，经营方无法完全掌握工作环境。这样的话，工会就必须担起这个责任。

在担任规划局局长的时候，我几乎每天都在现场巡查，就是因为作为规划局局长要率先履行好检查工作环境的职责。

当然，但凡作为专职的工会成员，所有人都应秉持这个理念，即认为自己有检查现场的义务。

带着这样的眼光巡查工厂，就会注意到很多该单位的领导层和管理层难以发现的问题。正如我在劳资双方座谈会上的发言提到的，工会的重要职责就是要找出这种盲点并提出改善方案。

我坚信，正是因为工会在公司随处发挥着重要作用，经营方才会高度赞扬工会的工作。丰田工会一直是这么努力过来的。正因为如此，劳资双方之间的信任只有加深，不会瓦解。

查找职场问题的运动

说起工会倾听现场的声音，提出“改善”建议的事例，还有一个小故事，让我至今都感到自豪。这件事也是在我被称为“卫生间书记长”那段时间发生的。

当时，春季劳资谈判正在进行，公司对现状的预测超出实际地悲观，明显试图遏制涨薪的幅度，这使得包括我在内的工会执行部门感到很为难。

“泡沫经济下汽车很畅销，销量明明在增长，却说利润下降了，这是怎么回事呢？”

“除非找到原因，否则将无法根据经济增长来涨薪。”

“公司是否在哪里出现了关键性的‘浪费’？毕竟消除不合理、浪费、不均衡是丰田生产方式的一部分。”

“一起找找问题出在哪儿吧。”

执行部门就此展开了激烈讨论。

其诱因是技术部的某个职场委员长在理事会和定期大会上反复提出的职场问题。

他对工会三个职能不同的负责人说："来技术部吧，希望你们能来现场听一下工会成员的想法，了解一下职场的实际情况。"

因为执行部门也意识到公司有被泡沫经济淹没的危险，受到这个呼吁的启发，不仅要求技术部门，还要求所有部门的工会成员去清点职场的问题。

工会想要通过一场大运动来消除这些问题，他们带着问题意识审视自己的工作和周围环境，看是否存在"这样做使得利润下降""工作量过于饱满、现场的员工负担过重"之类的问题，并反映到工会。

当时，正是昭和和平成交替之时（即1989—1991年之间），整个社会正好处于土地泡沫、股票泡沫和朱丽安娜东京泡沫时期，于是此次运动的名称就直接变成了"为什么赚不到钱"。

各职场惊人的问题报告

1989年的春季劳资谈判之前，该运动就已经在职场开展起来。于是，职场就像“盼望已久”一般指出了各种问题。这着实让倾听问题的我们大吃一惊。问题案例有大有小，涉及多个方面。在此，我介绍一下其中的两大案例：

第一个是让执行部门对“浪费”的规模深感惊讶的案例，这个案例跟开发部的试制车有关。

汽车开发中，在批量生产之前，要使用实际制造和销售的车辆进行试车实验，其中代表性的有行驶测试、撞击实验等。

这些试车实验大概需要十辆车，每一辆车都由事先定好的材料和零件手工制造而成，我们称之为试制车。由于每一辆试制车都是手工制成的，据说每台车的成本大概为一亿日元。

毕竟是丰田汽车，我们认为应该根据实验需要一台台地制造试制车。但是，由于当时频繁更换车型，不断有试制车的订单，为了降低成本，就采用生产线方式批量制造。

在这种情况下，每辆车的成本可能会有所降低，但是由于是生产线制造，总得确保一定的数量，因此，生产的数量往往超出需要的数量。

成本虽然降低了，但仍接近于手工制品，每辆车的成本还是得花费数千万日元。

最大的问题是，预定的试制车每次使用不了几台，多余的就会被当作废弃物处理。这是一笔巨大的浪费。

由于这是与试制工序有关的内部事务，并未在劳资谈判这种大场合上提出，而是向相关部门进行反映。最终，这种巨大的浪费得以改善。

指出凯美瑞生产线的巨大浪费

另外一个案例是在劳资谈判会议上处理的，它与当时的全球战略车型“凯美瑞”的生产线有关。

汽车前挡风玻璃内侧的顶部边缘处，配有用于遮挡阳光等晃眼光线的“遮阳板”。遮阳板通常收纳在顶部，当驾驶员放下遮阳板时，能确保其前方的视线，遮挡来自前方的光线，除此之外并无他用。

凯美瑞的遮阳板装配生产线提出了以下问题：

“根据形状和颜色的不同，遮阳板有一百多种。这是因为根据面向国内或海外、车辆等级、内饰颜色等的不同，遮阳板有不同的型号，于是在生产线为汽车选择并组装遮阳板，就成了一项费事麻烦的工序。只是个遮光零件而已，需要有这么多种类吗？”

执行部立即调查了其他公司的情况。调查结果显示，国内制造商的情况大体相似，但是德国的高档汽车奔驰，一个车型（型号），包括颜色在内只有三种遮阳板。这便是百余种（凯美瑞）和三种（奔驰）的区别。

减少种类的话，零件批量生产的效率就会提高，材料也可以通用，这中间的成本差异很大。

而且最重要的是，这能够减轻现场正确选出零件的时间成本和工作人员的精神负担。

这样，与百余种相比，三种明显具有压倒性的优势。于是在第二年春季劳资谈判时，我们便将这个问题作为重点提了出来。

公司负责会计的主管说："销售量虽然在上升，但是今年的利润远低于去年。"当他说到"没有钱用于加薪"的时候，工会方负责生产的副委员长不慌不忙地拿出图表说："公司只列出与前一年相比的数据，但我们希望你们看看近十年的销售额和利润的发展情况。近年来，国内市场的急剧扩张致使产量不断增加，利润却在持续降低，这是因为从生产到销售的某个环节存在浪费。"

这番话引起了公司董事的注意。副委员长接着说："在我们收集到的职场问题中，确实有这样的事。"然后他向大家介绍了凯美瑞生产线上遮阳板的事例。

公司方显然被这个问题触动了。当时董事们那种无法形容的困惑与赞扬交织的表情，至今仍深深地印在我的脑海里。

在这次谈判中，虽然没有“怎么办”之类的发言，但之后在部门和职场单位的劳资协商中，就这一问题的改善展开了讨论。

工会的意见将泡沫经济破灭的损失降到最低

以上两个案例，作为公司层面的重大问题，通过劳资谈判得以解决。例如，类似遮阳板这样的零件，有必要因为客户有需求就根据内饰来改变颜色和形状吗？难道就不能让零件变得通用且简单点吗？于是，所有的地方都以这样的角度重新进行了研究。

当下国内销售形势大好，制造商之间的开发竞争也愈演愈烈，型号更新的周期不断缩短。面对这种泡沫性的汽车生产、开发、制造的现状，这应该算是当头棒喝。

这之后，公司内部开始重视“合理品质”。也就是说，不过分追求虚荣，而是深思大家真正需要的品质之后再进行开发。

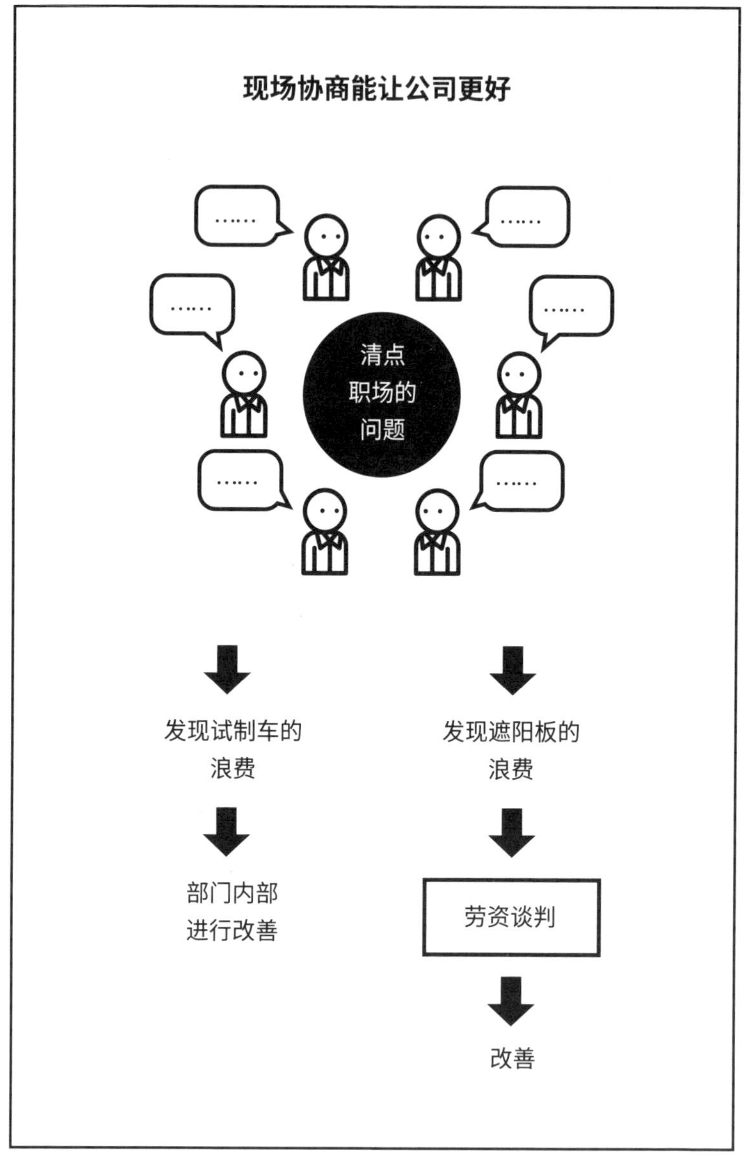
现场协商能让公司更好
……
……
……
……
……
……
清点
职场的
问题
发现试制车的
浪费
发现遮阳板的
浪费
部门内部
进行改善
劳资谈判
改善

丰田汽车在泡沫经济破灭时，和其他公司一样遭受了损失。能将损失控制到最小限度，在平成时代的市场停滞期（20世纪80年代末期至20世纪90年代初期），也就是从“失去的20年”到今天利润步步高升的背后，我认为工会的这些工作功不可没。

彻底消除不合理、浪费、不均衡是丰田生产方式的本质，本应以此为哲学来贯彻全公司的丰田汽车，却不经意间在泡沫经济热潮中犯下了错误，这也是沉重的事实。

正因为相互信赖，所以才会针锋相对

我还想起了另外一个教训，在这里介绍一下。当时负责丰田工会劳务部门的专务（专职负责人）的胸怀之广阔令我印象深刻。

在丰田工会，具体负责劳资谈判和劳资座谈会的是劳务负责部门。我认为，当时的专务可能也对公司现状持有危机感。在小范围的讨论中，我不时听到他的声音。

当时，他在与工会的三大负责人的坦率谈话中，毫无顾忌地向他们表达了自己对公司的看法。

我认为，专务完全没有要压制年轻的工会领导的意思，而是让他们大展身手，并由此给其他部门的董事敲响警钟。

这样写的话，可能会被某些人解读为工会被劳务部门一手操控。然而，事实并非如此。

工会各方正因为明白公司对工会的器重，所以才会大胆地发言和行动。

我想强调的是，这才是丰田劳资双方之间互信的本质。

让全体员工产生对工作现场的敬意

当时，我深切地感受到，无论是“为什么赚不到钱”运动、劳资双方座谈会，还是职场会，都是在经过无数次深入的协商后，才在公司形成了一种强大的氛围。

而这种氛围就是要让公司全体员工萌发并充满“对现场的敬意”。

处在丰田生产方式的关键环节，在制造现场工作的员工，原本就对自己的职场抱有自信心，而事务 / 员工部的员工则在远离生产现场的办公大楼工作，对现场只有一些模糊的概念，很少有机会感受真正的现场。

因为我曾被分配到法务部这一员工部门，在成为工会专务前，也很少有机会感受真正的现场。

无论被分配到哪个部门，新员工都要接受为期两个月的现场培训，每个人都有亲身体验丰田生产方式的机会。但是，在办公室工作多年后，比起新人时期，现场的实际感觉就明显变弱了。

就我而言，在法务部工作时，虽然有时会遇到汽车缺陷问题，需要去该车的制造现场，但一般情况下，的确没什么机会去现场。

公司虽然鼓励大家参观、接触现场，但在事务/员工部，如果没有我这样的机会，实际上是很难做到的。

因此，为了让全体工会成员对现场保持高度关心，平时就鼓励他们寻找职场问题，大家一起讨论。特别活动也是一种契机。

丰田每年都会展露出“汽车公司第一”的实力，诸如“丰田的利润已超过两兆日元”等，无疑是因为有着强大的工作现场。因此，员工有必要再次深入地了解这一点。

这样的做法，不仅让生产线上的员工，也会让包括事务/员工部在内的全体员工都对工作现场满怀敬意。

毫无疑问，这进一步增强了丰田的实力。

丰田工会成立之初就贯彻“工职一体”

由于丰田工会是全员义务加入工会制（union shop），所以除管理层以外的所有社员都是工会成员。

在1946年成立工会时，丰田便确认了“工职一体”，即在工厂工作的社员（蓝领）和事务办公室职员（白领）一起进行工会工作。所以，从一开始蓝领和白领就没有区别，双方共同作为工会员工一起工作。

事实上，并不是任何一家企业的工会都是工职一体。在丰田工会，执行部也以蓝领优先，因此，工会中的不少委员长都是从现场升上来的。

丰田工会的委员长往往出自现场，但是书记长则从大学毕业的白领中选出，由此来保持平衡，贯彻工职一体原则。

总之，大家无论是对现场还是事务部门都一视同仁，一起有计划地推动工作。而我在成为专务前后，特别适应工职一体，所以在成为专员后就再没回到职场，在工会这条路上一直耕耘到了现在。

如我先前所写，我在工会的工作就是去现场亲身感受、检查职场环境等。尤其是担任规划局局长的时候，我看似信步地经常出现在生产现场，与职场委员和理事等活跃在现场的工会成员进行交流。

我认为，通过坚持做这件事，我自己对现场的敬意也不断加深了。

这在我担任全日本汽车产业工会总联合会的会长和日本工会总联合会的副会长等丰田工会的上级组织董事后，依然没有改变。

这么说也许会得罪竞争对手公司，但坦白说，丰田的现场能力比任何公司都高，今后，丰田也一定将继续走在汽车行业的前列。

第三章小结

通过职场的“改善”和工会的“讨论”，个人得以成长

不依赖外界，贯彻自己公司的教育

五次“为什么”的背后，一直都有持续学习的上司和前辈

寻求全员认可的过程，能够锻炼表达和倾听能力

职场协商无论是对工作还是生活，都能让人成长

公司予以肯定，才能有彻底的讨论

第四章

“自己的事情自己定”和丰田精神

丰田不以销售额或利润为目标

“丰田不会为销售额和利润制订数值目标。无论是过去还是现在，这一点都没有改变。”

对丰田的员工和OB以外的人这样说时，大部分的人都有点不太相信：“哦？是真的吗？”

公司制订销售额和利润目标，考虑实现这些目标的战略和对策，并将目标分解给每个部门甚至每个员工，让他们各自决定应该做什么，这是社会的普遍常识。越是强大的公司，越要树立高目标。为了达成目标，大家都要竭尽全力去努力。

进入丰田之前，我也是这么认为的。

但是，进公司后我才知道，并没有所谓的销售额、销售量或利润这样的数值目标。无论是现场还是事务/员工部，只有用“提高效率”“降低成本”这两个关键词所概括的行动目标。

提高效率也好，降低成本也好，都可以制订成数值目标。例如，在提高效率方面，可以提出比以往缩短多少标准时间的目标值；在降低成本方面，可以制订比前期减少多少成本的目标值。

实际上，有不少职场确实就是这么做的。但是，这些不过是自己制定的目标，并不是公司从提高销售额目标出发，自上而下强压下来的目标。

丰田员工掌握了“改善”哲学，每天都会对“提高效率”和“降低成本”保持强烈的问题意识，并努力付诸行动。

员工有时也多少会意识到数值。不过，工厂或办公室并不会到处张贴或悬挂“营业额目标必须达到……”这样气势雄伟的口号。

进入丰田公司后，不知不觉间，我慢慢意识到不制订数值目标是公司行动的常态。也正因为如此，我会自发地朝着“提高效率”和“降低成本”的方向去努力。

当然，这并不意味着我对公司的销售额、利润、产量或销量漠不关心。关于丰田的财务业绩，即使“我不想知道这些”，也能在《日本经济新闻》头条看到《经常收益超过两兆日元，真了不起》的报道，并因此感到惊讶、喜悦或遗憾。

但是，财务信息和我自己从事的工作并没有直接联系。支配我手头工作的不是数字，而是改善。

毋庸置疑，公司的财务业绩是员工辛勤工作的结果。但对丰田这样的跨国企业，它会由于其他因素，即公司所处的各种环境变化而大幅波动，诸如汇率等就是其最大的影响因素，对此，员工再怎么着急慌忙也无能为力。

可以说，“提高效率”和“降低成本”是可以在自己的工作中做到的。如果没有问题意识，什么都不去改善，本人的实际业绩和周围的评价也一定会下降。

决定个人工作的，最终是集合了这两个关键词的改善。

关于这个目标，不论是现场，还是其他相关部门，丰田的员工都十分认同并身体力行。

提高效率和降低成本的做法因人而异，因为每个员工都是自愿决定并实施的。

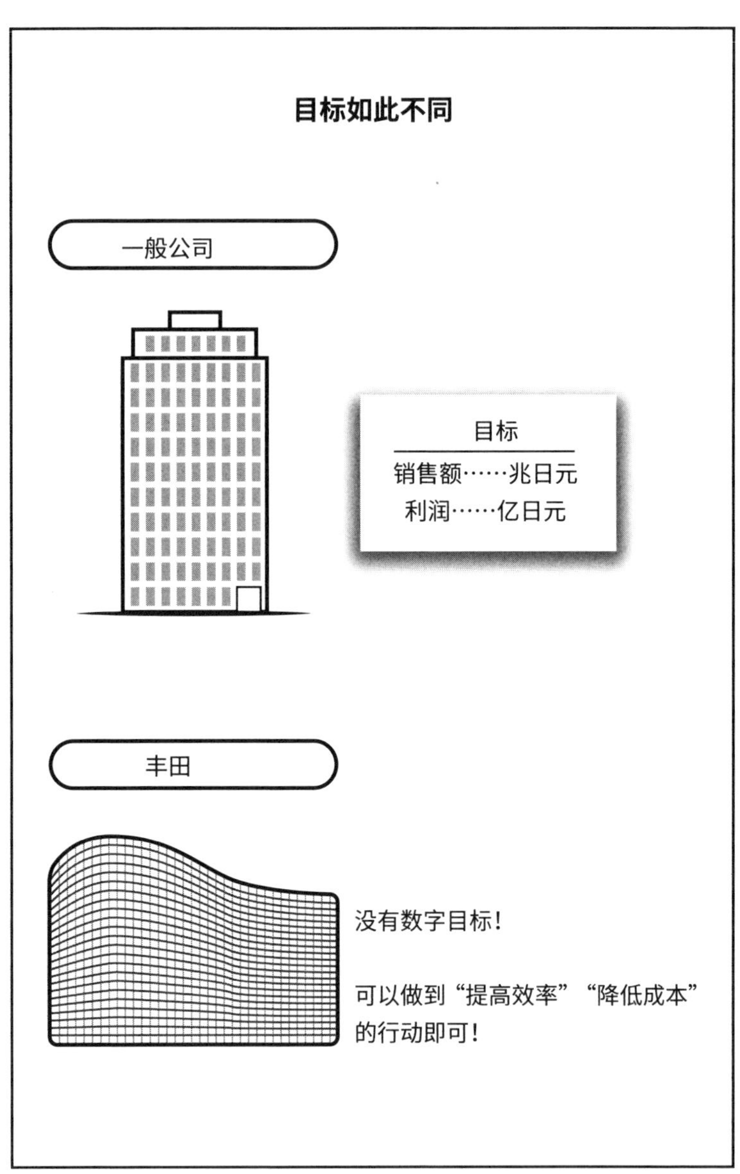
目标如此不同
一般公司
目标
销售额……兆日元
利润……亿日元
丰田
没有数字目标！
可以做到“提高效率”“降低成本”
的行动即可！

丰田与其他汽车公司大有不同

自从我成为丰田工会书记长，在产业区分等会议上与其他公司的工会干部互通有无的机会就变多了，当时被问到最多的就是数值目标的问题，如“丰田公司下期的利润目标是多少”“产量目标是多少”等。

刚开始在听到这些问题时，我会觉得奇怪。其他汽车公司会制订出以销售额为首的数值目标，再将这个数值目标下放到各工厂、各车种单位，让其制订各自的计划。这种做法，确实让我感受到了些许文化冲击。

在其他公司，工会的工作方针，也受公司业绩和目标数值的影响，并被销售额或利润业绩及目标束缚着。总之，公司和工会的工作“数值目标高于一切”，行动计划要以目标数值为基准，大家被目标裹挟着迎接每天的工作。这样的情况较为常见。

当时，面对这样的做法，深感吃惊的我也让对方感到惊诧不已。

丰田不设定销售目标，原因是，永无止境地“提高效率”和“降低成本”比实现数字目标更为重要，并且汽车制造企业原本就很难按部门或工厂来实现销售额和利润目标。

汽车制造企业可以经营各种车型。要说每种车型的所有材料和零部件都不同，那是不可能的。无论哪家汽车公司都是如此。即使车型不同，只要是同类零件，就会尽可能想出通用的办法来制造汽车。

例如，卡罗拉的制造工厂使用的同类原材料和零件，可以与凯美瑞的制造工厂通用。每家公司都自然而然地这么做，并且今后也还是如此。

工厂之间分工不同并相互协助进行汽车生产，却要以每个工厂为单位，制定目标并为其实现还是没实现而争执不休，这真的很奇怪。

如果根据车型区分工厂，模型转换成功与否，会直接影响到其工厂的生产台数。另外，如果其他有竞争关系的公司的车型转型大受欢迎的话，我方的产量自然也会受到影响。

在这种情况下，丰田公司认为，制定“公司下期生产多少、销售多少”的产品数量和销售目标是没有意义的。

产量来自市场需求，而不是上级目标

在工作现场，大家会谈论“本期生产多少”“销售额会到多少”之类的话题。这理所当然，因为大家对此都有所关注。但并没有一个所有人都要为之竭尽全力的确定目标，所以这种对话常常会在轻松的氛围中结束。

但是，销售公司就另当别论了。丰田卡罗拉店等是按车种和地域开设的销售公司。丰田汽车销售股份有限公司在1982年与丰田汽车工业股份有限公司合并，成为丰田汽车股份有限公司。本文中的“丰田”虽然是丰田汽车股份有限公司，但更确切地说，合并前的名称是“丰田汽车工业股份有限公司”，合并后的名称是“丰田汽车股份有限公司”。

说到丰田是否为销售公司设定了目标销量，事实上，与生产一样，并无要求。

不同之处在于，销售公司自身会根据市场动向确定一年的应售量或预售量等，并设立目标开展销售工作。当然，这是为了支撑丰田汽车业绩的预测。

丰田的产量，取决于销售公司确定的累计销售目标，并据此制订生产计划。

像“本期的国内产量为300万辆，其中卡罗拉是多少万辆，雷克萨斯是多少万辆”这样，设定数字目标并分配到各种车型的做法，丰田基本上是没有的。

销售公司：“我们公司下期想卖出多少辆，也有信心能卖出去。”

丰田：“这样啊，那太好了。那么，加上其他销售公司报上来的目标销量，合计为多少辆。就以多少辆为基准，来制订国内生产量的生产计划吧。”

丰田的生产目标基本就是这样做出决定的。

为什么不直接分配，而要以销售公司的累计目标来确定呢？

第一是出于一个基本判断——“买车的是顾客，生产出顾客的购买量即可”；第二是因为丰田重视“自己的事情自己定”的企业文化。

这种以市场为导向的观点才是丰田生产方式的基础。并且最终目标是，通过市场接收每位顾客的订单后再造车，并在一个月左右的时间内交给顾客——每辆成品车都会纳入生产系统中，也就是最终的准时制生产方式。致力于零库存的丰田生产方式，这时将看到一件成品车。

虽然还没有实现理想的生产体系，但是我认为，重视与用户终端直接联系的经销商的声音——“考虑到我们的市场和每个客户的需求，我们可以卖出这些，我们想卖出这些。”以这样的市场推算的销量来制订生产计划，会让我们离理想更近一步。

丰田成为“特殊公司”的契机

读到这里，读者可能会想，以目标制订为代表的丰田企业文化与其他公司大为不同。

我于 2001 年成为全日本汽车产业工会总联合会的会长，之后的 2002 年又担任了日本工会总联合会副会长，所以深知日本企业文化全貌。以我的经验来看，可以断言，丰田的企业文化是日本企业中的“异类”。

来自其他工会的人常说：“丰田作为一个企业的存在方式很特别。”

如上所述，在外部的人看来，丰田毫无疑问是一家“特殊公司”。

那么，这个特殊性是什么时候产生的，又是什么原因造成的呢？

我认为，这应该从1950年的大争议说起。引发大争议的原因是GHQ的强制性经济阻碍，如“夏普建议”和“道奇方针”。但是，若把所有原因都归咎于突变的经营环境，那么公司的经营也将难以为继。

发生在丰田的大争议，根源在于不自量力的投资和脱离现实的扩大生产。这是劳资双方一致的总结。以往的经历告诉我们，因为公司经营环境良好而得意忘形会招致惨痛后果。

在公司处于亏损状态或危机四伏的情况下，工会一味地提出自己的要求，公司也不会同意。随着公司危机的加深，就连佣工也保护不了。

丰田工会以1,600人的裁员为代价吸取了教训，那之后不再单方面进行斗争，而是通过彻底的讨论让公司认可提出的要求。

由此产生了1962年的《劳资宣言》，其核心观点是“相互信赖”和“两个车轮”。

另一方面，公司在资金方面得到了日本银行名古屋分行的援助，经营环境上则得益于朝鲜战争特需这东风一般的助力。公司也深刻反省了不自量力的事业拓展，开始走上踏实经营的道路。

在踏实经营的延长线上，“劳资相互信任”这个关键词诞生了。

从自我保护到丰田“自主主义”

有两个重要契机，让丰田工会的董事和全体工会成员都接受了“劳资相互信任”和“两个车轮”的路线，并珍视至今。

第一，丰田的实际创始人丰田喜一郎（1941—1950年任第二代社长）因1,600名裁员一事引咎辞职。第二，时任负责生产的董事丰田英二（1967—1982年任第五代社长）在董事会上淡淡地说过这句话：“即使书面无效，规定就不是规定吗？”

丰田英二的这句话并没有被夸张地赞扬，但这句话说到了每位工会成员的心坎上，到今天依然会在内部讨论中被引用。

这可能有言过其实之嫌。但我还是认为，这句话是丰田工会与公司之间从对立关系转变为互信关系的最大原因所在。

正如在其他章节中多次所述，公司也重视“相互信任”和“两个车轮”，并在各个方面信任工会，有时甚至依赖工会。

继喜一郎社长之后的第三代社长石田退三（1950—1961年在任），以这样的劳资互信为基础，成为吸取这场大争议教训的领导者。

石田社长基于对导致1,600人的裁员和喜一郎社长辞职的经营危机以及大争议的反省，建立了“自我保护”的信念，并确定了无负债经营的目标。

作为推进无负债经营的方略，公司内部得以贯彻的是杜绝浪费。

通过杜绝资金浪费，尽量增大内部保留金。内部保留金变大的话，就没必要特意从银行借款。石田社长认为，用自己赚的钱进行设备投资，提高生产力，才是企业本该有的存在方式。

由此，丰田才真正开始走上了自主主义道路，并继承了喜一郎先生提议的“准时制”。生产部副社长大野耐一先生在吸取了喜一郎先生和石田先生的意见后将其体系化，这才有了所谓的“丰田生产方式”。

我行我素造就“特殊公司”

石田退三先生担任社长时建立的无负债经营，此后也在丰田汽车一直持续着。但是，负责销售任务的丰田汽车销售不能没有负债。

丰田汽车公司生产的汽车，在出厂时由丰田汽车销售公司的分销商（批发商）用现金购买。丰田汽车销售公司将其出售给销售公司。当时，由于丰田汽车销售公司处于向销售公司融资贷款的状态，所需资金巨大，便从银行贷入。

丰田汽车公司和丰田汽车销售公司合并成为丰田汽车之后，丰田汽车销售公司负责的部门也必然归入了无负债路线中。新设立的丰田金融承担合并前丰田汽车销售公司的金融职能。由于与丰田金融也有关系，现在的丰田不可能处于无负债状态，但是经营方针一直以无负债为目标，这是毋庸置疑的。

在我成为丰田工会专务第十年的时候，我去东京与其他公司的工会的人谈话。当时，关于丰田标榜无负债经营一事，别人谈论很多。

“对公司来说，从银行借钱很重要，银行也是靠这个在运转。”

类似这样的话，是在教年轻的我学习“企业的常识”，但从我个人的角度看，真实的感觉似乎是：“名古屋和东京还真是不一样啊！”

石田退三社长设定无负债经营的目标，是为了避免经营中的浪费，这与丰田生产方式的想法相通。对于出生并定居于名古屋的我来说，一直追求无浪费经营的丰田无疑更好……

丰田汽车公司成立于爱知县丰田市，目前总部依然设置在丰田。丰田汽车公司的前身是以爱知县刈谷市为根据地的丰田自动纺织机制作所（当时）的汽车制造部门。后来，这个汽车制造部门从它的母公司中独立出来，成立了丰田汽车公司。丰田市和刈谷市几乎都与名古屋市相邻。顺便说一句，我出生在毗邻名古屋市的尾张旭市。

我的事就暂且不提了。

以从前的三河地区和爱知县丰田市为根源，并且作为当下据点的丰田，在以东京为据点的众多大企业看来，丰田被先入为主地贴上了“果然是三河人”的标签。

我认为，将丰田视为“特殊公司”的人中，有很大一部分人对“三河人”有着先入为主的认识。

也有人说“三河人”一直以三河为据点，完全不像一个全球性企业。因此，时常会有将总部迁到东京这样的话冒出来，但是“说出来就没了”，似乎并没有人认真考虑过这件事。

丰田之所以并不考虑将总部迁到东京，是因为丰田几乎所有的工厂都在爱知县内。其中以总公司工厂为首的七家重点工厂都集中在丰田市，另外五家工厂也都在附近。

总公司位于制造现场附近，这对以“无浪费经营”为目标的丰田来说极其重要。

远离商界活动的历代领导者

丰田的特殊还有一个原因。

丰田虽处于日本汽车制造商的领先地位，但是直到第五任社长的历代领导者，都不怎么关心商界的活动。

丰田章一郎自担任由丰田汽车销售公司和丰田汽车公司合并而成的丰田汽车社长（第六任）开始，便担任了经济团体联合会的第八任会长等职务，开始参与商界的活动。但在他之前的历任领导都认为这些并不重要。比如，第五任社长丰田英二就毫无顾忌地对周围的人说："商界活动交给东京的日产总公司就行了。"

对于这种态度，先不说同为汽车行业的竞争对手了，就连其他行业的商界成员也曾吐槽："丰田是一家只关心自己的公司。"

自己的事自己定，这样的理念好定。但是，如果“除自己之外一无所知”，就无法成为真正的领头公司。因此，从章一郎先生那一代领导起，丰田便开始热心参与商界活动。

其实，章一郎先生之前的历代社长都对业界团体的工作有所关心。例如，他们曾与日产公司轮流担任日本汽车工业会的会长（2000年后，本田技研的领导人也开始担任会长）。

这让我想起一件往事，1976年，也就是我进丰田后的第二年，日本也要采用通称“马斯基法”（美国参议员埃德蒙·马斯基提议的世界性汽车尾气排放限制）的规定，汽车制造商被要求实施极高标准的限制措施。

当时，汽车工业会的会长正值丰田公司的丰田英二社长担任，日本国会开会审议废气排放规定时，英二先生作为汽车工业会会长被叫到国会，他严厉地拒绝：“不行！”

据内部消息，丰田追求的方式不仅成本高，而且耗油量大。英二的本意是从用户的层面考虑，从而断然拒绝，但社会并不这么认为。

听了国会发言的本田也反驳说“可以”，并发表了与丰田（催化方式）不同的独特方式（CVCC方式）。

最后，丰田终于以自己开发的技术方式突破了这一难关。之后，丰田方式也成了减少尾气排放的主流。但是由于在国会有“不行”的发言，“丰田还是只考虑自己，是个自私的公司”这样的批判声，一直不绝于耳。

另一方面，早早举手说“可以”的本田，则因“本田果然厉害”的舆论而股价大涨。

引以为豪的特殊公司、特殊工会

不向银行借钱、中央的商界活动能不参与就不参与、不做多余的事，说到这样的经营态度，就不得不说丰田的生产方式和它的原则——“必要的东西只用必要的量且用在必要的时候”。

通过贯彻丰田生产方式和这种经营态度，丰田获得的利润令其他企业震惊。但是在其他企业看来，这种态度正是有别于他们的“特殊企业文化”。

这种特殊性被周围的人讽刺为“三河蒙罗主义”“三河的乡下企业”等，但我认为，这种讽刺在某种程度上，是对丰田成为世界第一、利润持续走高的嫉妒。

顺便说一句，“三河蒙罗主义”来源于美国第五任总统詹姆斯·蒙罗提出的互不干涉等保护主义政策，又称“蒙罗主义”。其主要内容是“不干涉别国的内部事务，也不容许别国干涉本国的事务”。有人认为美国采取的这一政策，成为第二次世界大战的导火索。

这与美国第四十五任总统唐纳德·特朗普的政策相似，是个不怎么让人喜欢的讽刺。

说到“特殊”，丰田汽车工业工会也是如此。

比如，1962年的劳资宣言就以“劳资之间相互信任”这句话为代表。而当时工会运动的潮流是以与公司对立为主，该宣言与当时的潮流并不一致。不以罢工为前提的、通过彻底的协商解决劳资关系，与当时的其他工会相比，也十分“特殊”。

根据1950年的大争议，劳资双方的对立并没有加深。相反，双方相互产生了信任，这在当时也是十分罕见的。

在相互信赖的基础上，他们达成的基本策略是：“与经营相关的事务由时任经营方负责，工会将致力于解决现场为了提高生产率而出现的问题。”以积极正面的心态坚持守护，这也是丰田和丰田工会独有的特色。

由于我亲身体验了这些，所以我为自己是丰田公司的员工而感到自豪，同时也为丰田公司良好的劳资关系以及丰田工会的工作感到自豪。

丰田与众不同的特色

○ 不设定数值目标

○ “信任”而非“对立”的劳资关系

○ 彻底消除浪费
（改善、准时制、无负债经营）

○ 总部设置城市选择

○ 商界活动是次要的

丰田的强大正是因为它特殊

丰田生产方式的误解消除行动

丰田产生的这种特殊的劳资关系，以及出乎所有劳资方意料的劳资宣言的横空出世，至少领先时代二十年。

领先时代二十年，和世间常识相比，自然会产生“特殊感”。丰田生产方式亦是如此。

正如其他章节所言，丰田生产方式在社会上经常被人诟病。以丰田工厂为背景，于1973年发行的《汽车绝望工厂》一书火热畅销，那时，日本社会对丰田生产方式的批判到达顶峰。

20世纪60年代后期，随着日本经济的高速发展，日本进入汽车社会，所有汽车公司业绩都很好，其中丰田的业绩更是出类拔萃，在日本所有企业中利润最高。

这样一来，世人的眼光便越发苛刻。媒体和学者都对其进行了强烈抨击，称“丰田的高利润是丰田生产方式剥削人的结果”。

对此，公司摆出“任人评说”的态度，并未向社会做出任何解释。

这无可厚非。三河的丰田讨厌媒体，既不愿向社会解释，也不便解释。

这时，丰田工会站了出来。这是在我准备进公司之前的事。

丰田工会的董事们说：“如果就这么任由社会误解的话，公司就招不到人才。既然公司无法消解误会，就由我们来做吧。”于是，他们四处宣传丰田生产方式，试图让大家正确理解它的理念。

例如，对于强烈主张剥削论的东京大学社会科学研究所的学者们，他们不断地主动与其加强交流，诚恳解释道：“丰田生产方式并非剥削现场工作的员工，而是要让他们更轻松有效地工作。”

通过工会的不懈努力，公司经营方也开始意识到向外界正确宣传公司的必要性。第六任社长丰田章一郎上任后，丰田便积极投身业界团体、商界活动和社会贡献活动。

在这种潮流下，企业逐渐转换为“开放型公司”。并且，丰田的视线从日本国内扩展到世界，丰田生产方式的运作也逐渐被世界认可。

也是在这个时期，公司和工会都开始着眼于销量世界第一，丰田员工也以世界第一的汽车公司为目标，进一步提高改善意识。这一期间，“改善”也渐渐成为风靡世界的通用语。

丰田“自主主义”传统的成立

在“自己的事情由自己决定”成为丰田特色的同时，丰田也将自主主义作为经营态度，这实际上是有其历史背景的。

第二次世界大战后，丰田为正式推进小轿车的生产，曾尝试与美国的福特汽车公司合作，但因为进展不顺而放弃。

在放弃与福特的合作后，丰田抛开向汽车业发达国家借力的想法，将战略方向转为纯粹依靠自己的技术制造纯国产的小轿车，用自己的生产技术来推进量产。

从结果来看，这一决断造就了现在的丰田，并使丰田最终成为日本汽车业界的领头羊。这与借欧美技术来生产国产轿车的其他企业相比，有着非常明显的不同。

这也是丰田“自主主义”的成立过程。这一自主主义的出发点也与丰田汽车工会的历史有着共通之处。

第二次世界大战结束五个月后的1946年1月，以“丰田汽车工会”为名成立了丰田工会。在GHQ的统治下，日本整体走向民主化，全国各个企业的工会就在这样的形势下诞生了。1946年年初，日本全国有1,500个工会，年底则超过了年初的十倍，共成立了18,000个工会。

作为上级团体的产业类别工会组织也相继成立。随着全日本汽车产业工会的成立，丰田工会于1948年4月更名为全汽“丰田分会”。

民主的、毫无顾虑的协商文化

在工会成立时，丰田工会便决定了今后工作的两项重大方针：

第一是确立了之前提到的“工职一体”。“工”指的是工厂和工人，即所谓的“蓝领”，“职”是指在办公室工作的员工，即“白领”。

欧美的工会包括按产业类别划分的组织，“工”和“职”都是分开开展工作的。日本也有模仿欧美的企业，当时也有不少将“工职”分开的工会。但是，全汽、日产或五十铃等其他汽车公司都实行“工职一体”。

另一个方针是，委员长、副委员长、书记长这三个角色，几乎每隔一期轮换一次。虽然这是为了维持民主运营，但我还是想对当时比较年轻的领导人的见解表示敬意。

这种理念与下章所述的“杜绝独裁领导人”的企业文化相通。工会成立后，从第六期开始，为了加强工作的连续性，连任开始增多。任职最长的是梅村志郎先生，任委员长一职长达十年。

很多公司外部的人倾向于把他看作独裁委员长，他确实很有能力，但并不独裁。在公司或工会内部，并没有人说梅村是独裁委员长。

我想，即使到他引退之际，也没有人觉得他是独裁人物。

1986年，汽车总连会长盐路一郎因丑闻中途辞职后，汽车总连代理会长梅村在“希望您担任下届大会的会长”的呼声中，以“自己没那个能力”为由推辞了。从这件事也能看出，他是一个不愿抛头露面的人。

不管怎样，我认为，丰田工会始终贯彻着成立之初年轻成员提出的“民主运营”的精神。

第一任委员长江端寿男在后来这样说过：

“成立后的一段时间，我们都忙于生产复兴斗争和工资斗争，每次斗争有分歧，进展不顺的时候，大家就会毫无顾忌地说‘你辞职吧，让我来做’这样的话。”

毫无顾忌地相互争论的风气，应该是民主的一种体现。那之后的丰田工会就不用说了，丰田集团全体都渗透着“毫无顾虑的交谈文化”。

这点与日产的历史有所不同。在日产工会中，有对第二次世界大战后工会运动感兴趣的人都知道的魅力领袖益田哲夫。自1950年起，他便担任全日本汽车产业工会的委员长，并领导了激进的工人运动。但他在1953年的日产斗争中失败了，导致全日本汽车产业工会解散。另外，在他之后，又出现了盐路一郎这一魅力领袖人物。

丰田大争议时的副委员长、后来担任委员长的岩满达己先生，就当时的工人运动和丰田工会，曾对我说过这样一段浅显易懂的话：

“在工人运动高潮时，有人断言‘就算公司倒闭，工会也能生存下去’之类的话。但是，我们丰田工会为了保护工会成员的生活，会先让公司繁荣起来。虽然有人批判这是‘御用工会’，但我们不以为意，因为我们并不是经营方说什么就是什么，我们对此有自信和实力。”

从其他前辈那里，我也听到了类似的话。我每次听到时都会由衷地感叹：“包括工会在内的丰田公司，真的有不受环境影响，自己的事情自己决定的企业文化啊。”

工作方式和工资都由自己决定

“自己的事情自己决定”，无论是生产现场还是事务/员工部门，都始终贯彻着丰田的这一企业文化，自己的“工作方式”由自己决定的意识很强。

那么，与自己的工作方式等价的工资又是如何决定的呢？

工资是支撑每个员工生活的根本，所以“能挣多少”是极其重要的问题。因此，工会的成立正是员工为了拿到尽可能多的工资，以便大家团结起来与公司谈判的结果。

因此，工会的工作，主要围绕争取涨薪展开。仔细想来，虽然要积极思考“平均提高多少”，但工会几乎没有与公司方面谈到具体问题，比如“每个员工的月薪原本是怎么定的”（工资制度及工资体系）、“下一年度的月薪到手有多少”，等等。

工资制度与人事制度是一体的，属于公司的经营权的一部分。制度规划也是由公司负责的，工会可以提意见，但不能参与规划。这是关于劳资关系的普遍理解。可丰田的劳资关系略有不同。

怨声载道的年功序列工资

实际上，1980年之前，丰田和其他公司一样进行过涨薪的谈判，但个人工资的制定，即工资制度规划还是交由公司来做的。20世纪80年代后经济急速增长期结束，日本进入了经济低增长期。时代的变化，也导致了工资情况的变化。不仅是丰田，所有公司现行的工资制度都与时代不符。

在经济急速增长期，公司的规模不断扩大，职务分工制度中的管理人员也在不断增加。从第二次世界大战后开始，丰田的工资就一直是年功序列制。如果职务地位提高，月薪必然也会增加。

但是，进入经济低增长期后，企业规模不再扩大，管理职位也不再增加。这样一来，职务无法提高，相应的工资也无法增加。于是，大家对此怨声载道。

“已经到可以当组长（小组领导）的年龄了，下期还是当班长吗？我认为这不公平。”

“为什么他都当股长了，我还是个一般职员？我想知道不能升职的原因。”

包括丰田在内，几乎所有公司的升职和提薪都存在模糊之处。于是，抱怨越来越多，导致员工的积极性大大降低。

丰田工会的执行委员们开始正视这个问题，并断定“不能这样放任不管”。那么，怎样制定透明、开放的工资制度呢？他们急忙开始研究工资制度。而这一核心任务的负责人，就是刚成为执行委员的我。

我早前就认为，“丰田的工资制度太封闭了。如果再不现代化，员工们会愈加不满”。而工会内部也在积极讨论着这个问题。

致力于引进职能资格制度

我所构想的是当时很多公司都引进了的“职能资格制度”转换政策。我想，应该有很多读者都知道这个政策。

所谓职能资格制度，简而言之，就是明确职务完成能力的标准，从而客观地评定每个员工各自符合的资格等级，再根据相应的等级来确定职务和工资（职能工资）的机制。

换句话说，在这项机制下，即使职务没有提高，资格提高了也能涨工资。

我将这个制度纳入考虑，独自参加了著名的职能资格工资专家楠田丘先生为期四天的“工资管理培训课程”研讨会。在他的指导下，我学习了这个制度的各方面内容。

我认为与其照搬楠田老师的范本，不如集中精力设计适合丰田的工资制度。

考虑到丰田的特点，我将基本工资设计为由熟练工资、职能工资、生产工资这三大部分构成。

“熟练工资”其实与工龄工资相似，但事先要设定“熟练度”的标准。上司会对每个人的熟练度进行评价并体现在工资表上。而初次制成的这张工资表很重要。

第二次世界大战后，公司一直采用的工龄工资就过于简单，无法有效提高员工的积极性。而通过改良后的工资表，可以实现加薪的“可视化”，进而提高员工工作的积极性。

“职能工资”则如上所述，按职务完成能力的等级支付工资，这是工资制度的核心。

“生产工资”主要是与生产部门相关的工资项目，直接关系到现场的效率。效率提高的话，生产工资也会提高。当然，只能以几百日元为单位上涨，但这也是丰田的独特之处。办公室和技术部门则以工资项目的平均值为准。

商量并说服人事部

公司会如何对待工资制度改革方案？我首先对劳务科长

进行了内部试探。值得庆幸的是，劳务科长对我的方案表示赞同，并积极协助，说："我来说服上层，希望你正式将工资制度改革方案作为提案提交。"

我有胜利的把握。人事部也认为，在当时经济增长形势下制定的现行工资制度有其先天缺陷，再加上员工老龄化问题加剧，当前的首要任务就是要合理控制高龄员工的工资上涨幅度。

尽管形势紧迫，公司却没有积极行动的迹象。因此，我深感忧心，"如果我再不提出具体方案，年轻员工产生不安，热情也会下降"。

改革方案遇到了瓶颈，即一旦方案被采纳并开始实行，工资必然会出现上下浮动。这样一来，工资降低的人明显会失去积极性，所以有必要对他们进行一定的补偿。在此之前的工资制度，基本上没有下降一说，所以要有补偿的对策。

这一对策的原始资金需由公司承担是最大的难点，但劳务科长给出了解决的办法：

"如果能得到工会全员的赞同，原始资金就由我来负责与上级谈判。不要着急，要在工会中好好做工作。"

这是很正确的建议。我和劳务科长都认为，获得工会全员的一致认同并向公司提出可靠的改革方案，这些需要花费一年的准备时间。于是，我立刻在工会中开始展开工作。

旨在全员认可的一年协商

工资制度改革的成败，取决于能否得到每位员工的认可。无论有没有工会，这都是一条必经之路。在没有工会的公司里，各部门、各科、各负责部门会集合员工，由他们的直接主管进行说明，或者由人事部依次进行说明。召集这种会议很难，说服大家都认可也绝非易事。

在这方面，工会可以毫不费力地组织讨论的机会，尤其在丰田工会，协商是工作的根本。而且，工资制度改革方案若是由工会提出的话，大家都会积极地理解和配合。

在为时一年的准备中，我与负责工资的副委员长一起向职场委员和评议委员说明情况并获得认同，也推进职场召开了学习会。

我们不仅要激发职场委员的积极性，还要发动执行委员强力跟进，制作了《振奋人心的工资制度》宣传册，分发给全体员工。因为有了这些预先准备，也便于职场会理解，对此我忍不住要自我夸赞一下。

大约历时一年，我们基本确定得到了以职场会为基础的全体工会成员的认可。通过评议会表决后，我们向公司提交了改革方案。

公司加以修正后，新制度落地实施

我们提出的改革方案在劳资协议会上讨论了三次，于1990年的秋天，在加入公司的部分修正后落地实施。

对于那些担心工资下降的员工，正如劳务科长打包票的那样，公司毫不犹豫地接受了承担原始资金的提案。

实际上，名义上降低工资的人占四成左右，“工资在五年的调整期内不会下降，希望大家在这五年里努力提高熟练工资和职能工资的等级”，这些话一说，所有人都放下心来。

顺便一提，据推测，公司在五年调整期内承担的原始资金可能超过100亿日元。

丰田工会为了改变落伍的工资制度，不断探索新制度，并亲自制定改革方案；为了获得公司全员的认可，不惜花费一年的时间去做工作。我们认为，这100多亿日元是对丰田工会的褒奖。

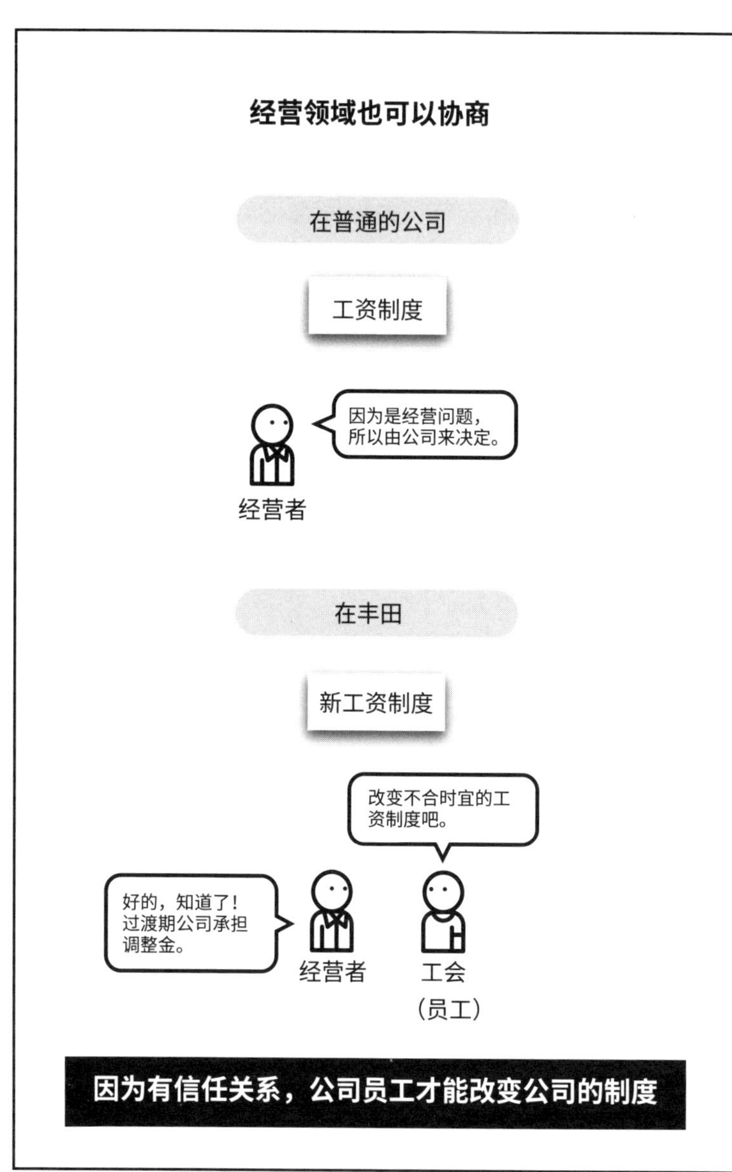
经营领域也可以协商
在普通的公司
工资制度
因为是经营问题，
所以由公司来决定。
经营者
在丰田
新工资制度
改变不合时宜的工
资制度吧。
好的，知道了！
过渡期公司承担
调整金。
经营者
工会
（员工）
因为有信任关系，公司员工才能改变公司的制度

工资制度改革加深了劳资双方的信任

上述这些过程中，由工会主导改革工资制度的例子恐怕仅此一家。这件事也可以说是丰田的“特殊性”的一个体现吧。

不管是工会的工作，还是职责分工的工作，丰田都不会交给别人。对于普遍认为是公司应该做的事，如果公司不行动的话，工会就会自己行动。我为这种企业文化和公司风气感到自豪，也希望后辈们能引以为傲并继承下去。

关于工资制度的改革过程，我想再介绍一件事。对公司来说也许是不愿公布的隐情，但希望公司能谅解。

在改革过程中，我们要求公司以录磁带（一种存储媒介。当时以软盘为主，但存储容量小，故以磁带进行存储）的形式提供每位员工的工资数据。但无论我们怎么解释，公司都无法认同，断然拒绝了这一要求，原因是“数据里面有每个人的人事评价，因为事关人事权，所以无法公开”。

我仍然坚持：“那样的话，将很难验证新旧工资制度。”然而，公司最终还是没有公开。

无可奈何，我们决定自己收集每个人的工资数据。实际上，在每年达成加薪协议之后，为了明确当年的加薪额，工会要对所有工会成员进行无记名式的问卷调查。

即使在新工资制度下，我们也决定进行同样的问卷调查，并让员工填写自己的员工代码。

由于我们附加了员工代码一栏，所以很担心回收率的情况。但结果出乎预料，回收率超过了90%，由此得到了相当准确的工资数据。这个调查问卷持续了三年之后，公司认可了我们的努力，终于把磁带借给了我们。

这件事使得丰田的劳资双方得以公开讨论工资制度。由此，每年的加薪谈判也更容易了。

我们对公司的工作不只是提要求，但如果提了，我们自己也会竭尽全力。正因为如此，公司和工会之间的信任关系进一步加深了。

第四章小结

不对销售、利润、产量等设定数值目标

唯一的目标为做到“提高效率”“降低价格”

“自己的事情自己决定”的企业文化

特殊企业才更有实力

员工可以通过协商改变公司设立的工资制度

第五章

协商造就优秀领导者

不迷信创业家的公司文化

“丰田的创始人是谁”这个问题，可能只有与丰田相关的人才能马上回答。与著名的创业者相比，如本田的本田宗一郎（本章中将大量省略包括丰田家在内的敬称）和松下电器的松下幸之助等，丰田创始人的社会认知度相当低，其创业后的成功故事也无人知晓。

当然，丰田的员工很快能说出“丰田喜一郎”这个名字，也熟悉他的创业经历。作为公司员工那是理所当然的。但是，丰田员工很少对公司外的人吹嘘本公司的创业者。

因为在丰田的文化中，并不会迷信或过分崇拜创业者以及创业家。

第二次世界大战后的日本，一个创业者开创事业，用超乎寻常的干劲将公司做大的成功故事，大大小小数不胜数。

创始于战前，并在战后一举成名的大企业也有很多，丰田也是其中之一。

1926年，丰田喜一郎的父亲丰田佐吉在爱知县举母地（现丰田市举母町）设立了丰田自动织机制作所，丰田的历史便由此开始。

在此前不久，喜一郎致力于自动织机的开发，并在创立公司时担任了常务董事。

公司创立三年后，长期出差欧美的喜一郎开始热衷于利用自动织机技术制造汽车，并对汽车产业的前景充满信心。他在丰田自动织机制造厂中新设汽车部门，致力于国产汽车的开发制造。

1937年，他将汽车部门独立出来，创立了丰田汽车工业株式会社。这是现在丰田汽车股份有限公司的起点。

第一任社长是喜一郎的堂兄丰田利三郎，喜一郎担任副社长。但是，利三郎原本就不看好汽车生产，所以，无论是独立前还是独立后，主导汽车生产的都是喜一郎。

因此，喜一郎虽然是第二任社长，但被公认为丰田的“创始人”。

为了避免误会，我再次强调，丰田公司员工不迷信创始人，并不是因为喜一郎是“第二任”。我猜，喜一郎从性格上没有像创业者常有的“我如何如何”的自大，也没有目中无人的傲慢。

听说喜一郎深爱着现场。他重视现场，经常黏在现场，像珍惜家人一样珍惜现场工作的员工。

因此，他本人也一直不喜欢把自己当作创业者，一直奉行着与员工平等相处的原则。

这么想来，大争议时期1,600人的断然裁员，是多么痛苦的决定啊……

喜一郎是“日本经营者的榜样”之一

大争议时，身为社长的喜一郎，断然裁掉了1/3的员工。为承担大规模解雇的责任，他与两位董事一起引咎辞职。

不借助汽车发达国家的力量，独自生产国产汽车的创业者，自己从社长的“宝座”退位了。这对于本田宗一郎、松下幸之助、井深大、盛田昭夫或中内功来说，自己辞职，将事业委托于他人是不可想象的。

虽然是题外话，但在写这段文字时，我在网上搜索了一下“战前、战后的创业者中最有名的人是谁”，发现了一个令人欣慰的网站。

那是一个面向大学生的网站，看到《想当作榜样的前十位日本著名经营者》的报道，我立刻打开一看，第一位是本田宗一郎，第二位是松下幸之助。这都在我的预想范围内，但第三位让我出乎意料（虽然很失礼……），竟然是丰田喜一郎（摘自解决大学生困扰的网络杂志《大学杂志》（*Campus Magazine*）。

解说词写道："毫无疑问，他是让日本汽车产业走向世界的日本人之一。"这个评论名副其实。

在文章的开头还有这样的说明："以出类拔萃的经营头脑引领日本，而且现在仍在引领日本的人物。"如果说丰田的创始人喜一郎是"想当作榜样的日本经营者"，那么，对于作为创业家出身的经营者，想在此讲一讲第五任社长丰田英二（由于他是我进入公司时的社长，省略敬称令我深感不安，但是我还是斗胆统一写法，略去了敬称）。

英二与第三任社长石田退三被公司内外统称为"丰田复兴之祖"。我认为作为日本著名经营者可与喜一郎并驾齐驱。

英二有很多广为传颂的逸事，就我而言，他在做生产担当董事时，在董事会上说的那句话——"即使书面无效，规定就不是规定了吗？"——印象最为深刻，相比之下，其他逸事就可以不提了。

我认为，这句话是构建丰田劳资之间信任的原点，是此后丰田走上世界第一的汽车制造商之路的开端。

虽然英二是我进入丰田公司时的社长，但在我成为工会专务之前，他就把社长的位子让给了喜一郎的长子丰田章一郎（第六任社长，1982—1992 年在任），所以很遗憾，我没有与英二在劳资协商会议上见过面。

尊重他人使公司积极向上

我并不觉得我是因为英二的著名经营者的名声而将他作为崇拜的对象，对于喜一郎也是如此。

绝大部分丰田员工也一样，并没有对某位前任社长怀有崇拜之情，也不会畏惧丰田创业家族。

而且，经营方也完全没有营造崇拜自己的氛围，丰田家的亲戚，也不会因此在公司里耀武扬威。

他们虽然没有和创业期的喜一郎一样经常待在现场、与现场的公司员工亲切交谈，但是我相信所有经营者对活跃于公司内外的员工，无论其职务高低都持有敬意。

我乐观估计，不管是出身丰田家族的社长，还是丰田的历任社长，乃至丰田相关公司的社长都是如此。

我之所以能断言“确信”，是因为在各类劳资协商会议上，我切实体会到了“被重视”的感觉，也经历了很多劳资双方互相尊敬、重视、真诚对话的机会。

谈判是否具有建设性，在于“是否重视对方”。第二次世界大战后不久，成为工人运动主力的许多工会，几乎都缺失“重视对方”这一点。这些工会抱着“到了关键时刻，由我们掌握经营权”这样极端斗争的想法，以彻底对立的态度进行谈判，以达到自己的目的。在当时的春季斗争中这种想法占据主流。

而丰田工会，正如前文所述，与这样的斗争气氛划清了界限。

其根本原因在于，前辈们感受到了敌视对方的无效性。由此，产生了能使劳资双方都具有建设性心态的“劳资宣言”，建立了以“相互信任”和“两个车轮”为核心的劳资关系。

丰田工会的诸多前辈将工会工作建设成为尊敬对方并进行建设性协商的机制，我想再次对他们表示敬意。

丰田工会为什么要尊敬对方？为什么要进行建设性协商？这与其他公司的工会有什么不同之处？

我认为其根源在于创始人对员工的态度。他们经常会去现场与员工轻松地交谈，有时也会和现场的领导无所顾忌地讨论。

友好的对话和无所顾忌的真诚讨论，拉近了经营者与员工之间的距离。

公司刚创业时，也不过是中小企业的规模，营造轻松的氛围会让全体员工变得积极向上。即使对“成为世界第一的汽车企业”这样庞大而遥远的目标，大家也会严阵以待，经营者和员工都能齐心协力地工作。

每个人都渴望并效仿的成功故事，不正是从这样的公司文化中产生的吗？

无论公司大小，都有许多创始人亲属或继承了家业的亲戚在公司耀武扬威，成天不务正业，甚至利用职权坐享其成，这种事在国内外都屡见不鲜。

而丰田，从一开始就是在与这些公司完全不同的风气中成长并壮大的。

由领导主导的组织

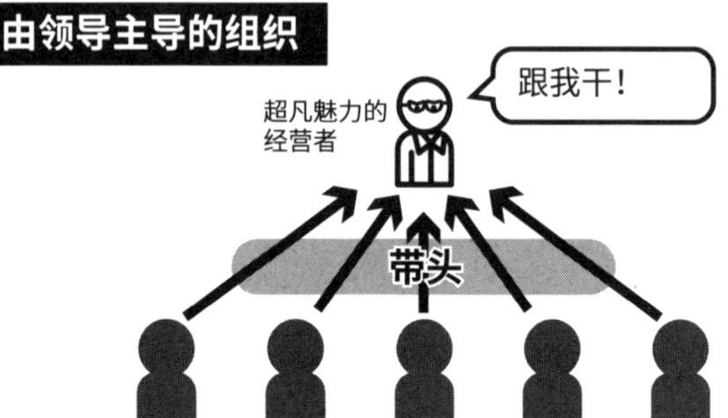

○ **有气势的时候很强，**
但是面对问题时会露出破绽。

对话型的组织

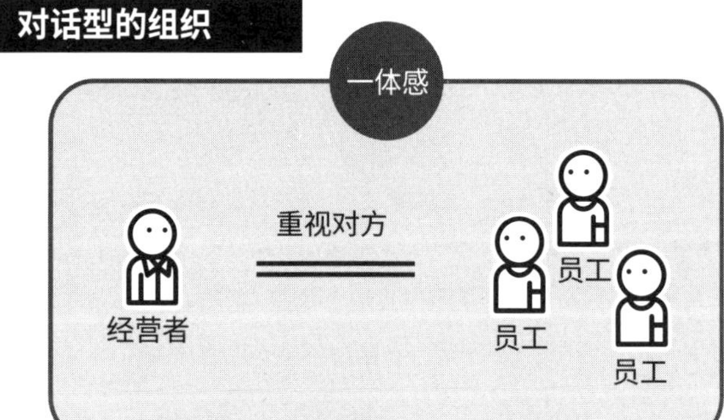

○ **公司全体员工都很积极，即使有什么问题，**
大家也能一起解决。

公司为什么会发生“不正当”行为

在我写这本书时，汽车制造商的不正当行为正被相继报道。每每看到这些，我都不免难过。作为在汽车行业一起共事的伙伴，我真的不愿看到这样的事情发生。

“不正当”一词连带公司名称多次出现在报纸头条，这会造成无法估量的负面影响。丰田所属高田公司发生安全气囊问题时，曾实施过汽车召回行动，也引起了新闻骚动，但这次事件并非丰田本身的问题，损失并不严重。

当然，被报道为不正当行为的，不仅仅是汽车制造商。进入平成时代以后，可以经常看到其他行业的企业高层领导和董事一起低头道歉的情景。

之所以在此引出这个话题，是因为员工为了自保而参与不正当行为的事频频发生。究其根源，都跟公司内部的文化或职场的氛围有关。

“我讨厌被上司批评。他非要说出来吗？”

“如果因为这个失误被问责，我就无法出人头地了。”

“这个工序，少那么一点儿也没事吧，又不会影响作业。”

他们或者是出于个人利害的算计，做了不该做的事，或者是因为长期看上司的脸色工作，犯了错也不敢上报，或者是因为惰性作祟，怕麻烦图省事，在背地里做出不正当行为，或者是出于侥幸，明知道“这不太好吧”，但还是无法收手而一错再错……

不管是一时鬼迷心窍还是怎样，一旦染指这种行为，为了让事实合乎逻辑，他们就会一错再错，错上加错。等回过神来，已经造成了无法挽回的结果，给公司带来巨大的损失。之后，这些人也会被赶出公司，留下人生的污点。

面对这些不正当行为，若能通过反复问五次以上的“为什么”来寻找根本原因的话，那么无论哪个公司，都会追溯到与高层领导平时的态度或对待员工的方式有关的问题上。公司文化和氛围的根本，更多在于高层领导的所作所为。

若对此继续追问“为什么”，就会追溯到创业时期社长的想法和态度。

丰田创始人是“著名经营者”丰田喜一郎，这让丰田员工深感骄傲。

另外，后继的历代领导和董事，也自然而然地继承了创始人的根本思想。

在长达八十多年的丰田历史中，我们没有见过一位耍威风的经营者。历任经营者都会谦虚地接受对自己的批评。不难推测，这种经营者的根本态度，会自然地传播给其他董事和现场的管理者。

对部下严厉的人有很多，但这并不是独裁专制耍威风，而是为彻底推行“改善”才言辞严厉的。

可能大家会觉得我对丰田的经营者夸奖过头了。我之所以这般陈述，是想要提醒大家，丰田劳资双方相互信任，就是因为有着高层领导态度的这个背景。

这也是丰田成为位于世界前列汽车制造商的背景。我坚信高层与员工之间的关系，会极大地影响公司的综合实力。

丰田可以用“劳资双方相互信任”这一个词来表现这种关系。在没有工会的公司，同样可以用“高层与员工的信任关系”的表述来代替。推而广之，这一点，不仅适用于任何公司，也很容易被大家理解。

高层与员工之间的关系，会极大地左右公司的业绩。

为什么会发生“不正当”行为

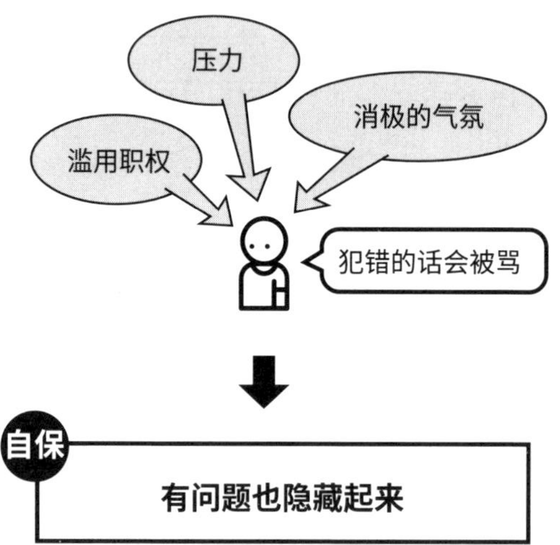

自保

有问题也隐藏起来

问题在于

- **高层领导的态度很重要！**
- **无理的严厉会丧失信任。**
- **和员工之间的信任关系很重要！**

上下级关系极大地影响着企业的业绩

高层领导与员工之间的关系，可以用职场管理者与部下的关系来替换。管理者与部下相互信任的关系一旦形成，部门全体的力量自然就会上升。

即使面对困难，借助所有员工的力量，即团队的力量，也是可以克服的。即使目标再宏大，也能凭借团队力量实现它，就如同丰田成为世界第一一样。

反之亦然。

如果在上下级无法相互信任的环境中工作，最终也不会取得可观的业绩。别说高目标，低目标都实现不了，部门或个人的目标也无法达成。

“互不信任”的关系，会导致上司滥用职权，部下之间互相同情和抱怨。

不仅如此，最可怕的是，不正当行为、虚假报告、有错误不上报等行为，对上司和公司来说，都是一切噩梦的开始。

如果上级不接受下级的批评，言行中经常滥用职权，那么下级必然不想上报错误，最后形成不管是大错还是小错，都视而不见、闭口不言的风气。

错误是可以传染的。部下一旦抱有不想跟上司说话，也不想被上司问话的想法，那么他们一定也不愿提出改善建议，即使他们有改善工作和职场环境的主意也不发言。他们逐渐不再积极考虑，只是一味地靠惯性工作。

这与丰田的“改善”哲学的内涵完全相反。丰田的风气排斥这种消极关系，即使存在这种关系，也会尽力以某种方式消除它。

不感情用事，冷静地履行职责很重要

话虽如此，丰田的社长和董事也是凡人，也会有对部下的意见报告感情用事的时候。下面介绍两个这样的例子。

第一个是听某位职场委员长说的，这是他在旁听2018年丰田工会春季劳资团体谈判（劳资座谈会）时的事。团体谈判时，社长和董事到规定时间也没有出现，他刚觉得“不会吧”时，社长及董事们入场了。

社长按惯例先入座，这和往常一样。

但是，迟到不同寻常。在我的经验中，协议会从没有出现过不按时开始的情况。

虽然只迟到五分钟，但让大家等五分钟是极其罕见的事，总不能像什么事都没发生一样就开始吧。这位委员长便观察着工会接下来的反应。

果然，书记长用凛然的语气对社长说：“时间已经过了五分钟，请遵守开始时间。”

负责人事的董事神色紧张起来，其他的出席者也紧绷着脸。社长只是“哼”了一声，瞪了书记长一眼。但是，他并未对书记长发火或找什么托词。后来，当委员长跟书记长提起这件事时，他笑着说：“哎呀，被社长瞪了一眼。”听了之后，委员长也放下心来了。

就是如此。如果丰田的社长和董事们都对这种事怀恨在心，那么就会丧失员工的信任，领导的威信必然会下降。

据事后了解到的情况得知，当时迟到的原因据说是社长和董事们在提前商量团体谈判的事项。在当年的春季协商谈判中，丰田回答了与以往不同的内容，受到了媒体的抨击。丰田只是关注丰田自己的回答，而这个回答引发了社会普遍的劳资问题，我个人认为这是值得肯定的。但关于这个问题，董事会成员有意见分歧，估计他们跟工会一样进行了彻底的讨论。

话虽如此，位居八万名员工之上的丰田社长，还有谁能严肃提醒他迟到了五分钟呢？听到这件事时，我的基本想法是，“以劳资相互信任为基础的协商传统并没有丢失”。

实际上，在我担任书记长时期，也有一些类似的事情。作为向公司诉说职场辛劳的工会，团体谈判是非常重要的劳资协商场所。

在工会执行委员情绪激昂地诉说职场实况时，有的董事几乎从一开始就在打瞌睡，而且是一位常务级别的董事。看到这样的失态，我觉得作为书记长的我不能再保持沉默了。

我决定，在发言人讲完后再提醒他，于是一边想着措辞，一边做笔记。

执行委员即将说完的时候，副执行委员长先我一步举手说道："好像有身体不舒服的人。在这样重要的协商场合，请务必调整好身体状态再参加。"

他的说法比较委婉。我原打算说："希望大家充分理解今天协商的重要性，并充分倾听我们的意见。"这个说法太过直接，气氛可能会变僵。

除了说话方式外，更重要的是提醒这个动作本身，不管是社长还是常务，如果对协商这件事漫不经心，就必须予以提醒。后来听说，那天打瞌睡的董事刚从海外出差回来，时差没倒过来，其实是情有可原的。

无论是社长还是常务，从来没有出现因被下级提醒而生气发火或打击报复的情况。社长和常务虽然也是有感情的凡人，但不会丧失作为丰田社长、常务该有的冷静。

从某种意义上讲，这两位都是非常丰田式的领袖。

为职场心声落泪的董事们

无论是我经历的还是传闻中的劳资协议案例，数量都有很多，但每个案例的最深处都与“真正的信任关系”分不开。

之所以特意加上“真正的”这个修饰语，是因为人们在谈论信任感和信任关系时，多数情况下说的都是与真心话完全相反的场面话。

如果参加的人不说真心话，就不会出成果，协商就不会有结果，也没有意义。

我认为，在很多公司举行的会议和讨论中，场面话的发言太多了。但公司的实际情况怎么样呢？

在丰田，无论是工会内部协商，还是职责分工会议，但凡发言，基本都是真心话。如果只说应付场面的意见，马上就会有人说“那是场面话吧”。

虽然不能说所有的会议和协商都是实打实进行的，但可以肯定，在丰田，只有场面话的徒有形式的会议是很少见的。在这一点上，丰田可能也比较特殊。

我想起了在劳资协议中发生的一件事，这可算是丰田社长和董事们真心参加协商会议的证据。

在社长和全体董事出席的协议会上，支部长突然喊道：“议长！”他举起手请求发言。这件事本身并不那么稀奇。我也曾在劳资协议会上，突然提出全面整修工厂卫生间的要求，正如前文提及的那样。

顺便说一句，在工会内部，委员长和书记长常对大家说：“难得出席了，有想说的话可以随时发言。”

话虽如此，在包括社长在内的所有董事都在场的劳资协议会上发言并不容易。如果确定不了事情的紧急性和重要性，可能连举手的勇气都没有。这时，支部长的话里有种紧迫感，那么一定有他发言的必要性。

发言的问题跟职场相关。

“职场体制已经跟不上产量激增的步伐，虽然我们极力想靠其他职场和职责分工来克服困难，但加班和临时出勤也是有限度的。有时，当我提前30分钟进入职场上班，发现平时不在生产线工作的工长也出勤了。他为了让生产线员工能轻松一点而默默地准备着零件（提前30分钟出勤，应该是出于不加班的考虑）。公司是否了解现场这样的努力状况呢？”

支部长情真意切地诉说着在职场工作时的心情，这些话有着打动人心的力量。他们在拼尽全力工作，从内心深处迫切希望实现“改善”。

在支部长说话的过程里，经营方的气氛渐渐变了，其间几个董事拿出手帕开始擦眼泪。

如果不是真心参加，只是做个样子的话，就不会流泪。这种情景令我有点惊讶，同时想着：“这就是丰田的劳资协议、丰田的谈判。社长和董事们都认真参会，我们也会说出自己真实的想法。这不愧是我们的丰田。”

“协商”需要紧张感和体谅

虽然也有迟到或者在别人发言时打瞌睡的行为，但为发言者的话感动、流泪、沉思，这些都是真正参加协商的证据。

参会人员都应该认真考虑协商的主题，应该正面倾听出席者的发言，所以有时真的会对别人的意见生气、头痛或敬佩，这些都是自然而然的。

因为丰田劳资协商、工会内部协商以及职场会议讨论，都是在这种氛围中进行的，所以会议时间自然就拉长了。工会协商就是典型。大家都在认真地讨论，所以感觉不到时间的流逝，彻夜热烈讨论的情况也有过多次。

丰田的协商在任何情况下都不会感到无聊。

在职场会议、工会内部日常会议中会有些放松的时间，但在委员长和书记长等董事齐聚的协商中，是几乎没有放松的时间的。

劳资协商会议自始至终充满了紧张感，因为它关系到公司的未来、员工的生活和人生。所以，经营方和工会方自然都会在意开始时间、规则、座位顺序等。

所有的协商都一样，必须保持一定的紧张感，而且要体谅出席者和尊重发言者。

丰田劳资之间的协商，无论大小都是如此。这些协商能够让大家切实体会到"劳资相互信任"，并将其作为工作的基础。我认为它也必须是能让大家有切实体会的场所。

其他工会经常使用"劳资协调"这个词，但是"协调"和"相互信任"看着相似实则不同。在单纯的协调关系或合作关系中，不需要产生谈判的紧张感，因为原本的劳资基本关系不同。

在这里回顾一下1962年缔结的劳资宣言。

第二项摘要如下：

以信义和诚实为信条，进一步加强在过去诸多变迁中建立的、基于相互理解和相互信任的健全、公正的劳资关系，尊重相互的权利和义务，谋求劳资双方的和平与安定。

第三项摘要如下：

劳资双方要理解彼此的立场，在共同目标的基础上，努力提高生产效率，扩大成果，谋求雇用稳定以及工作条件的维持和改善，培育为公司取得更大发展的原动力。公司要充分理解人是企业繁荣的源泉，主动地努力维持和改善工作条件。

第二项中“相互信任”前加入“相互理解”一词，可以窥见这是真心实意，而不是作秀。

第三项中“劳资双方要相互理解彼此的立场，在共同目标的基础上”这一段，强调了努力对双方的日常工作或会议发言予以关注、尊重和理解是非常重要的。

当然，最关键的问题在于，该宣言是否已经实现？是否仅仅只是一纸空文？关于这一点，我断定，这是已经成功实现了的。

毫无疑问，双方的历代高层和董事肯定都充分理解这个宣言的内容，并从心底接受和重视这个宣言。

“信任”也植根于职场的上下级之间

“劳资相互信任”必然会渗透到职场中。

在丰田，所有职场的上下级关系都是积极且有建设性的。你看不到员工在职场上萎靡不振、缩手缩脚或垂头丧气。如上所述，我进公司后的前八年，一直在法务部工作，在此期间与上司的关系也是“相互信任”的。

在职场，上司并不会监视部下，也不会为了完成定额施加压力。与其他公司不同，丰田员工没有来自上层设定的销售目标和利润目标等压力，但会有来自“改善”的压力。

其中之一，就是关于独创性提案制度的“定额”。虽说是定额，但也不是出于强权的强制事项。但若好几天、好几个月没有任何提案，自己也会感到压力。

当然，上司也掌握没有提案的情况，所以员工有时会受到他们的鼓舞，但这与强权相去甚远。话虽如此，但没有提案，在现存工资制度下会导致评价降低，进而影响到工资收入。

因此，员工会自己拼命寻找改善的对象。这时，他们满脑子都是“效率”和“降低成本”。他们对这两个关键词感到有压力，有时甚至会被上司叫去谈话：“最近完全没有提案，怎么了？”

这时候，上司和部下之间的坦诚对话便会展开。有时上司会稍稍加以鼓励，有时会坦诚问道：“怎么了？有什么烦恼吗？”然后一起思考并讨论想不出提案的原因。

是的，这是丰田职场的常态，不是自上而下的压力，而是上下级一起思考。

习惯了“一起思考”的员工，该向上司汇报的不汇报、做虚假汇报等事情，连想都不会去想，因为上下级之间有着“信任感”。这可以说是“劳资相互信任”的根本理念渗透在职场各个角落的证明。

现场指导催生上下级的“相互信任”

提到“相互信任”在职场渗透的例子，第一章中介绍的生产线旁的绳子就是其中之一。

我想，现场的新人都有过这样的经历。在班长“随时都能拉绳”的指导下，大家克服恐惧、毫无顾虑、大大方方地拉绳，叫停生产线。

最初谁都会战战兢兢地退缩。我在现场实习时也拉过绳子，同样有一种很紧张的感觉。绳子一拉生产线便停止，果然很恐怖，看着被自己停止的生产线，心里忐忑不已。但看到班长笑嘻嘻地跑过来问“怎么了”，我才松了一口气。

拉绳，无非是因为拉绳的人犯了什么错误，或者发现了什么异常。试想，新人初次拉绳子的时候，班长凶神恶煞地吼“你做了什么?!”会怎么样？

他可能再也不会拉绳子了。不拉绳子，不外乎是掩盖自己的失误，或对自己发现的异常视而不见，想蒙混过关。在丰田生产方式中，这种“蒙混过关”才是重大的罪过，会被班长严厉告诫：“绝对不能那样做！”

如前所述，事务部门的员工也无一例外地经历了现场实习。在此之后，几乎所有的员工都这样拉绳叫停过生产线。

自此，无论是现场员工，还是事务部门员工，他们都会将“有问题要马上报告”“一起想办法解决，大家一起想办法”当作基本的理念。

另一方面，独创性提案制度的“定额”也发挥了作用，它使员工养成了独立思考的习惯。总之，“一起思考”和“独立思考”均衡地发挥作用，从而使员工掌握了“改善”哲学。

在职场日复一日，就会构建出这样的思考方式，即“我们来改善吧。如果不改变现状，自己的工作就没有意义”。

即便是小事，认真协商也有意义

丰田工会也担负着要让每一位员工（工会成员）都掌握这种思考方式的任务。

就工会而言，彻底协商就是它的舞台。职场委员会等将在职场发现的各种问题反映到工会。

无论面对何种问题，工会平时反复强调，“先把注意到的情况说一下吧”，“千万别顾虑，请如实汇报”。所以，每天真的会有各种各样、事无巨细的问题汇报上来。

反映的问题里，有的与其说是问题，不如说是个人的不满。但即便是那样也是可以的。

不反映“个人不满”而一味忍耐，则更糟糕。因为不反映问题，放任当事人不管不问，则有可能失去职场改善的重要机会。

到底是个人的不满还是职场的共有问题，是通过协商来判断的。职场反映上来的问题，无论大小都要进行讨论，“大家一起来解决吧”。

其中，真的有“无关痛痒”的事情，即便如此，还是会组织一次讨论，让“大家一起想”，每个人都认真思考并发表意见。对于我们一开始以为“无关痛痒”的问题，参与讨论的人中有人说：“我觉得这绝不是无关痛痒的小事。”

“这样啊，这样考虑的话，是不能忽视这件事的。我们好好商量一下吧。”

这样的情况也不少。

比如，有人对员工食堂有不满和要求。“食材的装盘方法不好。”“太咸了，希望少放点盐。”“菜的种类太少。”

在工会的协商中，有人会质疑：“连这种事都要讨论吗？”“这种事，直接对食堂的工作人员说就行了吧？”但这些话都被大家驳回，并且还会遭到批评。

实际上，在我担任执行委员和董事的时候，也多次出现过对食堂的不满。每次我都对大家说：“当事人的这种不满是认真的。吃饭是人们每天的乐趣之一。享受午餐还是抱怨午餐，会对下午的工作产生影响，所以这是不能忽视的重要问题。”

这个问题不仅是在嘴上说说，而且要真的予以重视，由执行部切实着手解决。我们参观了其他公司的员工食堂，详细询问午餐制度并加以研究，积极致力于改善食堂。

改善的结论是，改为自助餐方式，每个人根据个人喜好自己选择菜肴。通过这一改善，对食堂的抱怨几乎没有了。

虽然不过是吃饭，但对员工来说，这绝不是“无所谓”的事情。

我认为，问题无论种类和大小，公司和工会都不应轻视员工的诉求。不管什么诉求，如果没有重视并采取真挚协商的态度，那么，真正的问题就不会再被反映上来，我们也听不到员工的真心话。

我们几乎把所有问题都提到协商的高度，然后踏踏实实地研究并实施对策。

认真地“协商”培养出职场领导者

丰田协商的问题不分大小，无论在职场还是在工会，坦诚对话都是常态，而且参与者也都很认真，甚至有“不认真则无法待在现场”的气氛。

特别是在工会谈判中，这样的气氛更强烈，所以讨论时间就会更长。于是，每位出席者的注意力就会下降，变得不再专注，心里也盼着“快点结束吧”。

议长作为谈判负责人，在察觉到大家注意力下降的气氛后，就会给出上卫生间的休息时间。但多数情况下，凭这点儿时间无法再恢复注意力。

这时候领导要做的就是激发参会者的动力。

有时会这样给大家打气：“大家再坚持一下吧。如果在座的各位全员通过，这个问题得到解决的话，工作会比现在更容易做，效率也会提高……”

有时也会通过插入积极的闲谈或开开玩笑来调节气氛。但是，如果没有把握好参会者平时的心事、烦恼、梦想或问题意识的话，协商反而会跑偏，坚持的动力也会减退。

为了不让协商跑偏，平时就要多和参会者交谈，从而了解他们的想法、烦恼或梦想。总之，为了让大家长期努力，必须要与每个参会者进行一对一的促膝交谈，让职场永葆生机，让大家无论何时都积极向上，无论如何都要进行对话，对话要说出自己的真实想法。

随着高密度协商经验的积累，大家会越来越明白他人的感受。负责人、议长的经验最多。但是即便只是参与者，参与的次数多了，也能明白他人的感受。需要再三强调的是，都要以说真心话及真心实意参加为大前提。

其实，公司对此也心知肚明。他们明白，员工在工会里经历了真正协商后，再回到职场就能脱胎换骨，成为不只考虑自己，也会替他人考虑、尊重他人感受和想法的人。

成为工会专务后，参与劳资协商会等与经营方平等对话的机会就增加了。在这种场合下，在毫不怯场地与社长和公司董事交流的过程中，慢慢地便掌握了成为科长、部长甚至董事的能力和深度。

不少公司认为，在工会工作是出人头地的捷径。这一点虽然在银行、保险公司、贸易公司等地方有很多例子，但是在丰田并非如此。

丰田的情况是，通过工会协商的历练，员工提高了能力再回到职场，然后在工作中大显身手，从而出人头地。

但是，为了大显身手而回到职场，必须具备公司方乐意接受这个绝对条件。丰田在劳动协议中明确了“专务工作结束后回到原职场（部门）”的条款。

之所以制定这条规则，是因为曾发生过被称为历史污点的劳资事件。

具体来说，有一位执行委员在工会时，他的工作触怒了公司方，回归原部门时，被原部门以“不需要”为由拒绝接收。如果这种情况普遍化，久而久之，工会工作将无法进行。那么，如前文所说，人的能力和深度的质性飞跃也就无从谈起。

于是，当时的委员长梅村志郎（1971—1982 年在任）为了消除员工在工会工作的后顾之忧，在 1974 年制定新劳动协议之际，争取加入了这款条文。

领导者在“协商”中成长

①在长时间的协商中，让参会者的干劲持续下去

抓住现场气氛，刺激动力

②把控协商的气氛

从平时一对一的对话中把握大家的想法

③主导认真的协商

听取多种声音，不否定，也不强制

高密度协商将练就优秀的领导才能！

为什么丰田不会产生强权领袖人物

说到梅村委员长，不少人认为他是工会的强权领袖人物。实际上，他本人和周围的人都没有这种感觉。这点已经在前面说过了。

“カリスマ（charisma）”的意思很宽泛。如果从“绝对权力者（强权者）”这个意思来看，那么梅村委员长完全不是。如果理解为“深得民心、令人钦佩、魅力无限的人”，他便当之无愧。

本来丰田也没有出现过能称为“绝对权力者（强权者）”的领导人，工会和经营方都是如此。

丰田的员工是习惯于独立思考、独立判断的人。在这种文化根基的组织或集团里，是不会产生强权人物的。

相反，在那些不习惯或不愿独立思考的人所在的组织或集团，则更容易产生强权人物。

如今，这样多样化的时代，人们往往会变得懒于思考，“这样做，就会怎样怎样”。懒惰，再加上有很多事再怎么想也想不明白，人就会渐渐地放弃思考。

如果这时候有一个强权倾向的领导者存在，情况会怎样呢？“如果跟随（比自己努力思考）这个人会幸福。”“如果相信这个人说的，能无忧地度过每一天。”一旦出现这种情况，就会出现完全依赖这个人的人格。当你觉得那样会比较轻松的时候，你就已经为强权人物的出现做好心理准备了。

无论是公司还是体育界，或者是国家，独裁者都是在这样的文化中诞生的。

丰田公司内部没有这种文化，因此不会产生独裁型的领袖人物。

顺便说一下，那些不思考任何事情，只依赖智能手机的现代人，经常会被智能手机上的网络信息影响。对此，我深感忧虑。

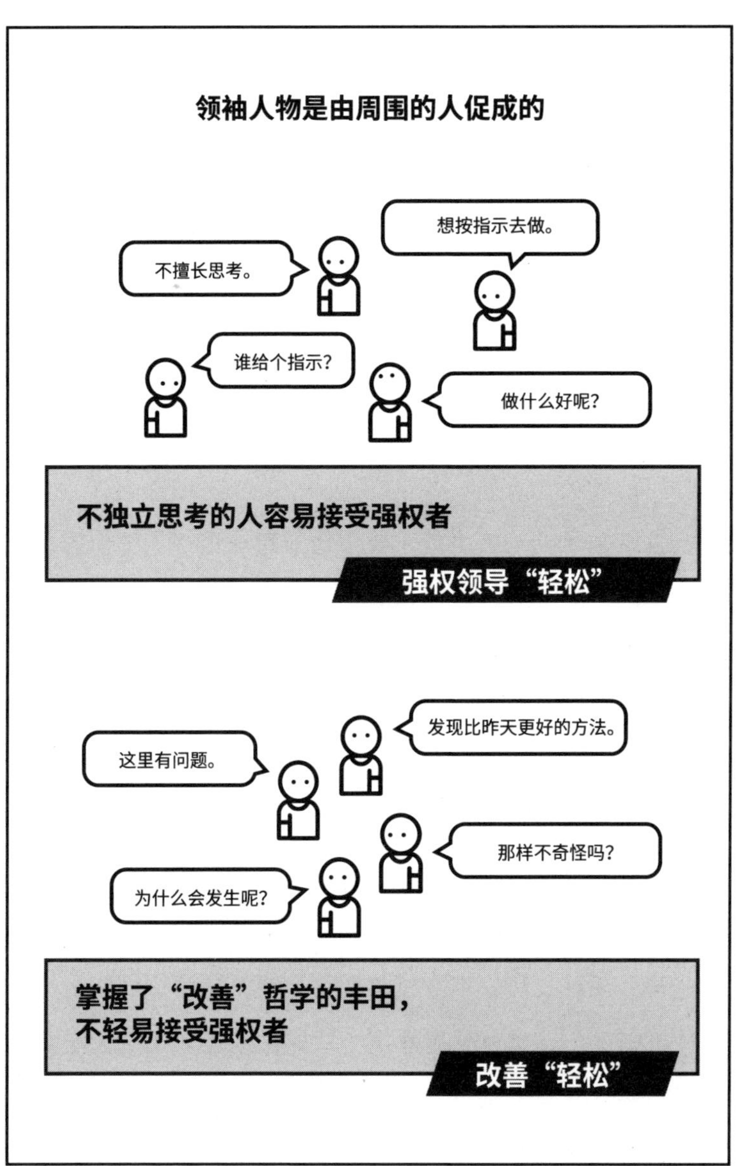
领袖人物是由周围的人促成的
不擅长思考。
想按指示去做。
谁给个指示?
做什么好呢?
不独立思考的人容易接受强权者
强权领导“轻松”
这里有问题。
发现比昨天更好的方法。
那样不奇怪吗?
为什么会发生呢?
掌握了“改善”哲学的丰田，
不轻易接受强权者
改善“轻松”

让大家彻底讨论的领导才能赢得人心

强权领导参与的协商，要按他的想法进行，按他的意思得出结论。换句话说，这些协商或会议其实是在传达上级的想法。

这样的会议和讨论能使员工充分理解上层的想法，所以我对其并没有完全否定的意思。但是，至少这与“大家各抒己见”的协商相距甚远。

梅村委员长讨厌这样自上而下的协商，建立了杜绝自上而下的风气并使之固定下来。

建立某种文化，不能模棱两可，要在制度和规则上形成某种机制。在成员充分理解这一机制的意图基础之上，文化才能够渗透到整个组织。

有一项规则在丰田工会效果显著，即在重大会议时，主席由规划宣传局长担任，而不是委员长、副委员长、书记长这三个角色。

规划宣传局长在职务上低于这三个角色，当然，其权力也远低于他们。尽管如此，规划局长在会议中拥有自主决定讨论方式和总结方式的权限。

因此，会议结束时间的早晚等问题，都取决于规划宣传局长的安排。即使委员长大喊“就此决定吧”，议长也可以驳回。

我在前面说过，我也曾经有同样立场，有过这种经历，没有在被议长驳回时有所犹豫。在会议上，规划宣传局长是老大，他会以老大的气势来引领讨论的进程。

我想，当会议由部长或科长担任议长时，也有比议长地位高的管理人员或董事参会。但在多数情况下，议长都会一边察言观色，一边战战兢兢地推进讨论，这种情况应该不在少数吧。

如果此时上层领导插话说：“已经可以得出结论了吧。”大多数情况下，都会以“好的”来响应。是不是这样呢？

丰田工会没有这样可怜的议长，也不会有上层的插手。如果真有这种可怜的议长，那么很可惜，他们就会被打上“这个人做不了好领导”的标签。

谁都不想被打上那样的标签。因此，一旦被任命为议长，就要比别人多学习两三倍的东西。

我担任规划宣传局长时，经常被大家叫作“走廊老鹰”。我围着大家的办公桌转悠，了解当天的工作内容、员工的烦恼，并且记住了所有的协议和规章。其他执行委员都认为，“规划宣传局长不懂的工作不由丰田工会管，交给执行委员会也行不通”。所以，要反映给执行委员会的议事大家都会事先跟我商量。

因为会前做了充分准备，即使会议时间长点儿，大家也会配合参加。

在丰田工会中，比起考虑到出席者而尽早结束讨论的议长，那些拖延会议也要征得大家同意的议长更受人欢迎。

协商可以培养人，议长经验则可以培养领导。

丰田生产方式的本质就是让人“轻松”

最后，我想说一下员工对于丰田生产方式的看法。

丰田生产方式的核心是“改善”，“改善”的目标是消除“不合理”“浪费”和“不均衡”。

“不合理”是指不合理的工作。不合理工作的人经常会勉强自己，所以员工越“改善”越“轻松”；不“改善”便会身心疲惫，无法工作。

“浪费”是指丰田生产方式要求无限提高效率。如果员工做无用功的话，效率就不会提高。反复如此，员工自身也会陷入痛苦，为没必要的痛苦所拖累。

“不均衡”是指人在有节奏性的工作中最轻松快乐。“不均衡”的工作与有节奏性的工作正相反。消除“不均衡”，实现有节奏地工作，可以使人变“轻松”。

丰田的协商就是以这三个观点为基础进行的。

为了“轻松”而协商。

因为想变“轻松”，所以不会轻易妥协，而是彻底讨论。

钢铁制造商和造船公司的员工经常被派往丰田以应对经济衰退。这时外派而来的员工会惊讶道：“丰田的员工就在这么艰苦的环境中工作吗？”言外之意，就像在说：“真想早点回到自己的单位。”

他们不习惯也是没办法的事。只要被动地面对工作，生产线上的工作就会变得很辛苦。

丰田的员工都恪尽职守，认为以后会越来越好。他们认为这就是自己的工作，并相信这么想会让自己变得轻松，所以，他们不会认为这是一种痛苦。

丰田的员工经常和同一部门的同事交流。因为想和同伴共享“轻松”，所以会认真地交流。换句话说，“轻松”就是“幸福”。

我认为，从外部看丰田，或者想引进丰田生产方式，最难发现的就是这点。

“改善”的终极目标是，让明天比今天更“轻松”，让将来比现在更“轻松”，其价值观就是要变得更好。如果不是这样，就称不上是真正的“改善”。在每天的实践过程中，这样的想法会慢慢固定下来。我坚信，这也是让人生更“幸福”的秘诀。

第五章总结

绝不迷信创业家或老板

在协商中，不要敌视对方，而要重视对方

相互不信任的关系会导致不正当行为和业绩恶化

“紧张”和“尊重”会创造良好的协商环境

真心协商培养优秀的领导人

改善让人“轻松”，让人“幸福”

终　章

FINAL

“日本是靠‘制造’来支撑的。”

应该没有人对这句话有异议吧。我大学毕业便进了丰田汽车工业制造公司（现在的丰田汽车公司），到退休前一直在这里工作。因此，我确实感受到了日本“制造”的强大，丰田自不必说。

刚进公司时，丰田仅是个规模很小的公司，随时会被美国三大汽车公司吞并。但由于不断制造出高品质汽车，历经艰难险阻，在1/4个世纪后，登上了世界汽车业的高峰，我为能参与这个过程深感荣幸。

经过多方努力，制造的产品被投放市场；在市场上，产品被众多用户使用，性能过关，颇受好评。日本人在制造业方面的执着精神和高超技术，使日本产品位居世界顶级水平之列。

日本汽车的品质在所有国家都评价颇高。构成汽车的零部件超过了三万种，对日本汽车的高度评价，说明了日本与汽车制造业相关的劳动者的技术水平在全世界都是出类拔萃的。

2017年，我作为日本国际劳工组织（International Labour Organization，简称ILO）协议会访问团的一员去缅甸的时候，看到仰光大街上跑的大部分都是丰田汽车，便向当地导游询问了原因。他解释道："这并不是因为国家政策，而是买二手车的人选择了基本不出故障的丰田车，所以自然就变成这样了。"

顺便说一下，在缅甸市场上，90%的汽车是日系汽车，其中80%是丰田车。对此，我感到骄傲和欣慰。

亚洲、中东、非洲各国也纷纷称赞丰田车的可靠性，这样的赞美声在哪里都能听到。

这样的好评当然不是一朝一夕形成的。这是从丰田创始人开始，到包括历任经营者和零部件公司在内的丰田集团的全体员工，践行丰田生产方式，一直努力向市场提供更好的汽车而产生的结果。

我在这本书的前言中写道："践行'改善'将使得每个个体的生活方式更加积极向上，而积极向上的生活方式能使个体的人生更为丰富。"我由衷感谢读到这里的各位，想必你们已理解了“改善”为何能丰富人生。

为什么这么说呢？我想，是因为“改善”能够造就人，能够造就对“让缺点可视化”不再回避的人，能够造就对“让缺点可视化”的人心存感谢的人。相信你们都明白了这一点。

进一步讲，坚持贯彻“改善”的人，相信今后一定会变得更好，会通过不懈努力而提升自己的人生品质。这也是我想说的。

我在56岁那一年退出工会一线时，兴致勃勃地想着“再来一次人生”，想参加司法考试成为律师。我曾在别的书里写过这段经历，在这里就不再赘述了。

尽管有人说，“不要做那种鲁莽的事”，“我觉得不会成功”，但推动我坚持下去的，正是在丰田培养出的“不懈努力坚持下去就能达成目标”的强烈意志。另外，我本不是以写作为业，写这本书，对我是一个莫大的挑战，这也算是“改善”精神推动的结果吧。

最后，谨向帮我实现这个想法，并为此付出巨大热情和耐心的钻石公司的田口昌辉先生、自由撰稿人奥平惠女士表示衷心感谢。

加藤裕治